Texto Refundido de la Ley del Estatuto Básico del Empleado Público

Aprobado por Real Decreto Legislativo 5/2015, de 30 de octubre

Edición 2016

DIEGO FISCALERO

ISBN-10: 1532869371
ISBN-13: 978-1532869372

DEDICATORIA

Dedicado a los opositores, a los que lo fueron y a todos los estudiantes de legislación.

Índice Articular

CAPÍTULO III. Derechos retributivos

CAPÍTULO IV. Derecho a la negociación colectiva, representación y participación institucional. Derecho de reunión

TÍTULO V. Ordenación de la actividad profesional

CAPÍTULO I. Planificación de recursos humanos

CAPÍTULO II. Estructuración del empleo público

CAPÍTULO III. Provisión de puestos de trabajo y movilidad

- Disposición adicional sexta. Otras agrupaciones profesionales sin requisito de titulación.
- Disposición adicional séptima. Planes de igualdad.
- Disposición adicional octava.
- Disposición adicional novena.
- Disposición adicional décima. Ámbito de aplicación del artículo 87.3.
- Disposición adicional undécima. Personal militar que preste servicios en la Administración civil.
- Disposición adicional duodécima. Mesas de negociación en ámbitos específicos.
- Disposición adicional decimotercera. Permiso por asuntos particulares por antigüedad.
- Disposición adicional decimocuarta. Días adicionales de vacaciones por antigüedad.
- Disposición adicional decimoquinta. Registro de Órganos de Representación del Personal.
- Disposición adicional decimosexta. Permiso retribuido para las funcionarias en estado de gestación.

[Disposiciones transitorias]

- Disposición transitoria primera. Garantía de derechos retributivos.
- Disposición transitoria segunda. Personal laboral fijo que desempeña funciones o puestos clasificados como propios de personal funcionario.
- Disposición transitoria tercera. Entrada en vigor de la nueva clasificación profesional.
- Disposición transitoria cuarta. Consolidación de empleo temporal.
- Disposición transitoria quinta. Procedimiento Electoral General.
- Disposición transitoria sexta. Duración del permiso de paternidad por el nacimiento, acogimiento o adopción de un hijo para el personal funcionario hasta la entrada en vigor de la Ley 9/2009, de 6 de octubre.
- Disposición transitoria séptima. Referencia a los Organismos Reguladores.
- Disposición transitoria octava. Aplicación del artículo 84.3.

[Disposiciones derogatorias]

- Disposición derogatoria única.

[Disposiciones finales]

- Disposición final primera. Habilitación competencial.
- Disposición final segunda.
- Disposición final tercera. Modificación de la Ley 53/1984, de 26 de diciembre, de incompatibilidades del personal al servicio de las Administraciones Públicas.
- Disposición final cuarta. Entrada en vigor.

Diego Fiscalero

TÍTULO I

Objeto y ámbito de aplicación

Artículo 1. Objeto.

1. El presente Estatuto tiene por objeto establecer las bases del régimen estatutario de los funcionarios públicos incluidos en su ámbito de aplicación.

2. Asimismo tiene por objeto determinar las normas aplicables al personal laboral al servicio de las Administraciones Públicas.

3. Este Estatuto refleja, del mismo modo, los siguientes fundamentos de actuación:

a) Servicio a los ciudadanos y a los intereses generales.

b) Igualdad, mérito y capacidad en el acceso y en la promoción profesional.

c) Sometimiento pleno a la ley y al Derecho.

d) Igualdad de trato entre mujeres y hombres.

e) Objetividad, profesionalidad e imparcialidad en el servicio garantizadas con la inamovilidad en la condición de funcionario de carrera.

f) Eficacia en la planificación y gestión de los recursos humanos.

g) Desarrollo y cualificación profesional permanente de los empleados públicos.

h) Transparencia.

i) Evaluación y responsabilidad en la gestión.

j) Jerarquía en la atribución, ordenación y desempeño de las funciones y tareas.

k) Negociación colectiva y participación, a través de los representantes, en la determinación de las condiciones de empleo.

l) Cooperación entre las Administraciones Públicas en la regulación y gestión del empleo público.

Artículo 2. Ámbito de aplicación.

1. Este Estatuto se aplica al personal funcionario y en lo que proceda al personal laboral al servicio de las siguientes Administraciones Públicas:

a) La Administración General del Estado.

b) Las Administraciones de las comunidades autónomas y de las ciudades de Ceuta y Melilla.

c) Las Administraciones de las entidades locales.

13

d) Los organismos públicos, agencias y demás entidades de derecho público con personalidad jurídica propia, vinculadas o dependientes de cualquiera de las Administraciones Públicas.

e) Las Universidades Públicas.

2. En la aplicación de este Estatuto al personal investigador se podrán dictar normas singulares para adecuarlo a sus peculiaridades.

3. El personal docente y el personal estatutario de los Servicios de Salud se regirán por la legislación específica dictada por el Estado y por las comunidades autónomas en el ámbito de sus respectivas competencias y por lo previsto en el presente Estatuto, excepto el capítulo II del título III, salvo el artículo 20, y los artículos 22.3, 24 y 84.

4. Cada vez que este Estatuto haga mención al personal funcionario de carrera se entenderá comprendido el personal estatutario de los Servicios de Salud.

5. El presente Estatuto tiene carácter supletorio para todo el personal de las Administraciones Públicas no incluido en su ámbito de aplicación.

Artículo 3. Personal funcionario de las Entidades Locales.

1. El personal funcionario de las entidades locales se rige por la legislación estatal que resulte de aplicación, de la que forma parte este Estatuto y por la legislación de las comunidades autónomas, con respeto a la autonomía local.

2. Los Cuerpos de Policía Local se rigen también por este Estatuto y por la legislación de las comunidades autónomas, excepto en lo establecido para ellos en la Ley Orgánica 2/1986, de 13 de marzo, de Fuerzas y Cuerpos de Seguridad.

Artículo 4. Personal con legislación específica propia.

Las disposiciones de este Estatuto sólo se aplicarán directamente cuando así lo disponga su legislación específica al siguiente personal:

a) Personal funcionario de las Cortes Generales y de las asambleas legislativas de las comunidades autónomas.

b) Personal funcionario de los demás Órganos Constitucionales del Estado y de los órganos estatutarios de las comunidades autónomas.

c) Jueces, Magistrados, Fiscales y demás personal funcionario al servicio de la Administración de Justicia.

d) Personal militar de las Fuerzas Armadas.

e) Personal de las Fuerzas y Cuerpos de Seguridad.

f) Personal retribuido por arancel.

g) Personal del Centro Nacional de Inteligencia.

h) Personal del Banco de España y del Fondo de Garantía de Depósitos de Entidades de Crédito.

Artículo 5. Personal de la Sociedad Estatal Correos y Telégrafos.

El personal funcionario de la Sociedad Estatal Correos y Telégrafos se regirá por sus normas específicas y supletoriamente por lo dispuesto en este Estatuto.

Su personal laboral se regirá por la legislación laboral y demás normas convencionalmente aplicables.

Artículo 6. Leyes de Función Pública.

En desarrollo de este Estatuto, las Cortes Generales y las asambleas legislativas de las comunidades autónomas aprobarán, en el ámbito de sus competencias, las leyes reguladoras de la Función Pública de la Administración General del Estado y de las comunidades autónomas.

Artículo 7. Normativa aplicable al personal laboral.

El personal laboral al servicio de las Administraciones Públicas se rige, además de por la legislación laboral y por las demás normas convencionalmente aplicables, por los preceptos de este Estatuto que así lo dispongan.

TÍTULO II

Personal al servicio de las Administraciones Públicas

CAPÍTULO I

Clases de personal

Artículo 8. Concepto y clases de empleados públicos.

1. Son empleados públicos quienes desempeñan funciones retribuidas en las Administraciones Públicas al servicio de los intereses generales.

2. Los empleados públicos se clasifican en:

a) Funcionarios de carrera.

b) Funcionarios interinos.

c) Personal laboral, ya sea fijo, por tiempo indefinido o temporal.

d) Personal eventual.

Artículo 9. Funcionarios de carrera.

1. Son funcionarios de carrera quienes, en virtud de nombramiento legal, están vinculados a una Administración Pública por una relación estatutaria regulada por el Derecho Administrativo para el desempeño de servicios profesionales retribuidos de carácter permanente.

2. En todo caso, el ejercicio de las funciones que impliquen la participación directa o indirecta en el ejercicio de las potestades públicas o en la salvaguardia de los intereses generales del Estado y de las Administraciones Públicas corresponden exclusivamente a los funcionarios públicos, en los términos que en la ley de desarrollo de cada Administración Pública se establezca.

Artículo 10. Funcionarios interinos.

1. Son funcionarios interinos los que, por razones expresamente justificadas de necesidad y urgencia, son nombrados como tales para el desempeño de funciones propias de funcionarios de carrera, cuando se dé alguna de las siguientes circunstancias:

a) La existencia de plazas vacantes cuando no sea posible su cobertura por funcionarios de carrera.

b) La sustitución transitoria de los titulares.

c) La ejecución de programas de carácter temporal, que no podrán tener una duración superior a tres años, ampliable hasta doce meses más por las leyes de Función Pública que se dicten en desarrollo de este Estatuto.

d) El exceso o acumulación de tareas por plazo máximo de seis meses, dentro de un periodo de doce meses.

2. La selección de funcionarios interinos habrá de realizarse mediante procedimientos ágiles que respetarán en todo caso los principios de igualdad, mérito, capacidad y publicidad.

3. El cese de los funcionarios interinos se producirá, además de por las causas previstas en el artículo 63, cuando finalice la causa que dio lugar a su nombramiento.

4. En el supuesto previsto en la letra a) del apartado 1 de este artículo, las plazas vacantes desempeñadas por funcionarios interinos deberán incluirse en la oferta de empleo correspondiente al ejercicio en que se produce su nombramiento y, si no fuera posible, en la siguiente, salvo que se decida su amortización.

5. A los funcionarios interinos les será aplicable, en cuanto sea adecuado a la naturaleza de su condición, el régimen general de los

funcionarios de carrera.

6. El personal interino cuya designación sea consecuencia de la ejecución de programas de carácter temporal o del exceso o acumulación de tareas por plazo máximo de seis meses, dentro de un período de doce meses, podrá prestar los servicios que se le encomienden en la unidad administrativa en la que se produzca su nombramiento o en otras unidades administrativas en las que desempeñe funciones análogas, siempre que, respectivamente, dichas unidades participen en el ámbito de aplicación del citado programa de carácter temporal, con el límite de duración señalado en este artículo, o estén afectadas por la mencionada acumulación de tareas.

Artículo 11. Personal laboral.

1. Es personal laboral el que en virtud de contrato de trabajo formalizado por escrito, en cualquiera de las modalidades de contratación de personal previstas en la legislación laboral, presta servicios retribuidos por las Administraciones Públicas. En función de la duración del contrato éste podrá ser fijo, por tiempo indefinido o temporal.

2. Las leyes de Función Pública que se dicten en desarrollo de este Estatuto establecerán los criterios para la determinación de los puestos de trabajo que pueden ser desempeñados por personal laboral, respetando en todo caso lo establecido en el artículo 9.2.

Artículo 12. Personal eventual.

1. Es personal eventual el que, en virtud de nombramiento y con carácter no permanente, sólo realiza funciones expresamente calificadas como de confianza o asesoramiento especial, siendo retribuido con cargo a los créditos presupuestarios consignados para este fin.

2. Las leyes de Función Pública que se dicten en desarrollo de este Estatuto determinarán los órganos de gobierno de las Administraciones Públicas que podrán disponer de este tipo de personal. El número máximo se establecerá por los respectivos órganos de gobierno. Este número y las condiciones retributivas serán públicas.

3. El nombramiento y cese serán libres. El cese tendrá lugar, en todo caso, cuando se produzca el de la autoridad a la que se preste la función de confianza o asesoramiento.

4. La condición de personal eventual no podrá constituir mérito para el acceso a la Función Pública o para la promoción interna.

5. Al personal eventual le será aplicable, en lo que sea adecuado a la naturaleza de su condición, el régimen general de los funcionarios

de carrera.

CAPÍTULO II

Personal directivo

Artículo 13. Personal directivo profesional.

El Gobierno y los órganos de gobierno de las comunidades autónomas podrán establecer, en desarrollo de este Estatuto, el régimen jurídico específico del personal directivo así como los criterios para determinar su condición, de acuerdo, entre otros, con los siguientes principios:

1. Es personal directivo el que desarrolla funciones directivas profesionales en las Administraciones Públicas, definidas como tales en las normas específicas de cada Administración.

2. Su designación atenderá a principios de mérito y capacidad y a criterios de idoneidad, y se llevará a cabo mediante procedimientos que garanticen la publicidad y concurrencia.

3. El personal directivo estará sujeto a evaluación con arreglo a los criterios de eficacia y eficiencia, responsabilidad por su gestión y control de resultados en relación con los objetivos que les hayan sido fijados.

4. La determinación de las condiciones de empleo del personal directivo no tendrá la consideración de materia objeto de negociación colectiva a los efectos de esta ley. Cuando el personal directivo reúna la condición de personal laboral estará sometido a la relación laboral de carácter especial de alta dirección.

TÍTULO III

Derechos y deberes. Código de conducta de los empleados públicos

CAPÍTULO I

Derechos de los empleados públicos

Artículo 14. Derechos individuales.

Los empleados públicos tienen los siguientes derechos de carácter individual en correspondencia con la naturaleza jurídica de su relación de servicio:

a) A la inamovilidad en la condición de funcionario de carrera.

b) Al desempeño efectivo de las funciones o tareas propias de su condición profesional y de acuerdo con la progresión alcanzada en su carrera profesional.

c) A la progresión en la carrera profesional y promoción interna según principios constitucionales de igualdad, mérito y capacidad mediante la implantación de sistemas objetivos y transparentes de evaluación.

d) A percibir las retribuciones y las indemnizaciones por razón del servicio.

e) A participar en la consecución de los objetivos atribuidos a la unidad donde preste sus servicios y a ser informado por sus superiores de las tareas a desarrollar.

f) A la defensa jurídica y protección de la Administración Pública en los procedimientos que se sigan ante cualquier orden jurisdiccional como consecuencia del ejercicio legítimo de sus funciones o cargos públicos.

g) A la formación continua y a la actualización permanente de sus conocimientos y capacidades profesionales, preferentemente en horario laboral.

h) Al respeto de su intimidad, orientación sexual, propia imagen y dignidad en el trabajo, especialmente frente al acoso sexual y por razón de sexo, moral y laboral.

i) A la no discriminación por razón de nacimiento, origen racial o étnico, género, sexo u orientación sexual, religión o convicciones, opinión, discapacidad, edad o cualquier otra condición o circunstancia personal o social.

j) A la adopción de medidas que favorezcan la conciliación de la vida personal, familiar y laboral.

k) A la libertad de expresión dentro de los límites del ordenamiento jurídico.

l) A recibir protección eficaz en materia de seguridad y salud en el trabajo.

m) A las vacaciones, descansos, permisos y licencias.

n) A la jubilación según los términos y condiciones establecidas en las normas aplicables.

o) A las prestaciones de la Seguridad Social correspondientes al régimen que les sea de aplicación.

p) A la libre asociación profesional.

q) A los demás derechos reconocidos por el ordenamiento jurídico.

Artículo 15. Derechos individuales ejercidos colectivamente.

Los empleados públicos tienen los siguientes derechos individuales que se ejercen de forma colectiva:

a) A la libertad sindical.

b) A la negociación colectiva y a la participación en la determinación de las condiciones de trabajo.

c) Al ejercicio de la huelga, con la garantía del mantenimiento de los servicios esenciales de la comunidad.

d) Al planteamiento de conflictos colectivos de trabajo, de acuerdo con la legislación aplicable en cada caso.

e) Al de reunión, en los términos establecidos en el artículo 46 de este Estatuto.

CAPÍTULO II

Derecho a la carrera profesional y a la promoción interna. La evaluación del desempeño

Artículo 16. Concepto, principios y modalidades de la carrera profesional de los funcionarios de carrera.

1. Los funcionarios de carrera tendrán derecho a la promoción profesional.

2. La carrera profesional es el conjunto ordenado de oportunidades de ascenso y expectativas de progreso profesional conforme a los principios de igualdad, mérito y capacidad.

A tal objeto las Administraciones Públicas promoverán la actualización y perfeccionamiento de la cualificación profesional de sus funcionarios de carrera.

3. Las leyes de Función Pública que se dicten en desarrollo de este Estatuto regularán la carrera profesional aplicable en cada ámbito que podrán consistir, entre otras, en la aplicación aislada o simultánea de alguna o algunas de las siguientes modalidades:

a) Carrera horizontal, que consiste en la progresión de grado, categoría, escalón u otros conceptos análogos, sin necesidad de cambiar de puesto de trabajo y de conformidad con lo establecido en la letra b) del artículo 17 y en el apartado 3 del artículo 20 de este Estatuto.

b) Carrera vertical, que consiste en el ascenso en la estructura de puestos de trabajo por los procedimientos de provisión establecidos en el capítulo III del título V de este Estatuto.

c) Promoción interna vertical, que consiste en el ascenso desde un cuerpo o escala de un Subgrupo, o Grupo de clasificación profesional en el supuesto de que éste no tenga Subgrupo, a otro superior, de acuerdo con lo establecido en el artículo 18.

d) Promoción interna horizontal, que consiste en el acceso a cuerpos o escalas del mismo Subgrupo profesional, de acuerdo con lo dispuesto en el artículo 18.

4. Los funcionarios de carrera podrán progresar simultáneamente en las modalidades de carrera horizontal y vertical cuando la Administración correspondiente las haya implantado en un mismo ámbito.

Artículo 17. Carrera horizontal de los funcionarios de carrera.

Las leyes de Función Pública que se dicten en desarrollo del presente Estatuto podrán regular la carrera horizontal de los funcionarios de carrera, pudiendo aplicar, entre otras, las siguientes reglas:

a) Se articulará un sistema de grados, categorías o escalones de ascenso fijándose la remuneración a cada uno de ellos. Los ascensos serán consecutivos con carácter general, salvo en aquellos supuestos excepcionales en los que se prevea otra posibilidad.

b) Se deberá valorar la trayectoria y actuación profesional, la calidad de los trabajos realizados, los conocimientos adquiridos y el resultado de la evaluación del desempeño. Podrán incluirse asimismo otros méritos y aptitudes por razón de la especificidad de la función desarrollada y la experiencia adquirida.

Artículo 18. Promoción interna de los funcionarios de carrera.

1. La promoción interna se realizará mediante procesos selectivos que garanticen el cumplimiento de los principios constitucionales de igualdad, mérito y capacidad así como los contemplados en el artículo 55.2 de este Estatuto.

2. Los funcionarios deberán poseer los requisitos exigidos para el ingreso, tener una antigüedad de, al menos, dos años de servicio activo en el inferior Subgrupo, o Grupo de clasificación profesional, en el supuesto de que éste no tenga Subgrupo y superar las correspondientes pruebas selectivas.

3. Las leyes de Función Pública que se dicten en desarrollo de este Estatuto articularán los sistemas para realizar la promoción interna, así como también podrán determinar los cuerpos y escalas a los que podrán acceder los funcionarios de carrera pertenecientes a otros de su mismo Subgrupo.

Asimismo las leyes de Función Pública que se dicten en desarrollo del presente Estatuto podrán determinar los cuerpos y escalas a los que podrán acceder los funcionarios de carrera pertenecientes a otros de su mismo Subgrupo.

4. Las Administraciones Públicas adoptarán medidas que incentiven la participación de su personal en los procesos selectivos de promoción interna y para la progresión en la carrera profesional.

Artículo 19. Carrera profesional y promoción del personal laboral.

1. El personal laboral tendrá derecho a la promoción profesional.

2. La carrera profesional y la promoción del personal laboral se hará efectiva a través de los procedimientos previstos en el Estatuto de los Trabajadores o en los convenios colectivos.

Artículo 20. La evaluación del desempeño.

1. Las Administraciones Públicas establecerán sistemas que permitan la evaluación del desempeño de sus empleados.

La evaluación del desempeño es el procedimiento mediante el cual se mide y valora la conducta profesional y el rendimiento o el logro de resultados.

2. Los sistemas de evaluación del desempeño se adecuarán, en todo caso, a criterios de transparencia, objetividad, imparcialidad y no discriminación y se aplicarán sin menoscabo de los derechos de los empleados públicos.

3. Las Administraciones Públicas determinarán los efectos de la evaluación en la carrera profesional horizontal, la formación, la provisión de puestos de trabajo y en la percepción de las retribuciones complementarias previstas en el artículo 24 del presente Estatuto.

4. La continuidad en un puesto de trabajo obtenido por concurso quedará vinculada a la evaluación del desempeño de acuerdo con los sistemas de evaluación que cada Administración Pública determine, dándose audiencia al interesado, y por la correspondiente resolución motivada.

5. La aplicación de la carrera profesional horizontal, de las retribuciones complementarias derivadas del apartado c) del artículo 24 del presente Estatuto y el cese del puesto de trabajo obtenido por el procedimiento de concurso requerirán la aprobación previa, en cada caso, de sistemas objetivos que permitan evaluar el desempeño de acuerdo con lo establecido en los apartados 1 y 2 de este artículo.

CAPÍTULO III

Derechos retributivos

Artículo 21. Determinación de las cuantías y de los incrementos retributivos.

1. Las cuantías de las retribuciones básicas y el incremento de las cuantías globales de las retribuciones complementarias de los funcionarios, así como el incremento de la masa salarial del personal laboral, deberán reflejarse para cada ejercicio presupuestario en la correspondiente ley de presupuestos.

2. No podrán acordarse incrementos retributivos que globalmente supongan un incremento de la masa salarial superior a los límites fijados anualmente en la Ley de Presupuestos Generales del Estado para el personal.

Artículo 22. Retribuciones de los funcionarios.

1. Las retribuciones de los funcionarios de carrera se clasifican en básicas y complementarias.

2. Las retribuciones básicas son las que retribuyen al funcionario según la adscripción de su cuerpo o escala a un determinado Subgrupo o Grupo de clasificación profesional, en el supuesto de que éste no tenga Subgrupo, y por su antigüedad en el mismo. Dentro de ellas están comprendidas los componentes de sueldo y trienios de las pagas extraordinarias.

3. Las retribuciones complementarias son las que retribuyen las características de los puestos de trabajo, la carrera profesional o el desempeño, rendimiento o resultados alcanzados por el funcionario.

4. Las pagas extraordinarias serán dos al año, cada una por el importe de una mensualidad de retribuciones básicas y de la totalidad de las retribuciones complementarias, salvo aquéllas a las que se refieren los apartados c) y d) del artículo 24.

5. No podrá percibirse participación en tributos o en cualquier otro ingreso de las Administraciones Públicas como contraprestación de cualquier servicio, participación o premio en multas impuestas, aun cuando estuviesen normativamente atribuidas a los servicios.

Artículo 23. Retribuciones básicas.

Las retribuciones básicas, que se fijan en la Ley de Presupuestos Generales del Estado, estarán integradas única y exclusivamente por:

a) El sueldo asignado a cada Subgrupo o Grupo de clasificación profesional, en el supuesto de que éste no tenga Subgrupo.

b) Los trienios, que consisten en una cantidad, que será igual para cada Subgrupo o Grupo de clasificación profesional, en el supuesto de que éste no tenga Subgrupo, por cada tres años de servicio.

Artículo 24. Retribuciones complementarias.

La cuantía y estructura de las retribuciones complementarias de los funcionarios se establecerán por las correspondientes leyes de cada Administración Pública atendiendo, entre otros, a los siguientes factores:

a) La progresión alcanzada por el funcionario dentro del sistema de carrera administrativa.

b) La especial dificultad técnica, responsabilidad, dedicación, incompatibilidad exigible para el desempeño de determinados puestos de trabajo o las condiciones en que se desarrolla el trabajo.

c) El grado de interés, iniciativa o esfuerzo con que el funcionario desempeña su trabajo y el rendimiento o resultados obtenidos.

d) Los servicios extraordinarios prestados fuera de la jornada normal de trabajo.

Artículo 25. Retribuciones de los funcionarios interinos.

1. Los funcionarios interinos percibirán las retribuciones básicas y las pagas extraordinarias correspondientes al Subgrupo o Grupo de adscripción, en el supuesto de que éste no tenga Subgrupo. Percibirán asimismo las retribuciones complementarias a que se refieren los apartados b), c) y d) del artículo 24 y las correspondientes a la categoría de entrada en el cuerpo o escala en el que se le nombre.

2. Se reconocerán los trienios correspondientes a los servicios prestados antes de la entrada en vigor del presente Estatuto que tendrán efectos retributivos únicamente a partir de la entrada en vigor del mismo.

Artículo 26. Retribuciones de los funcionarios en prácticas.

Las Administraciones Públicas determinarán las retribuciones de los funcionarios en prácticas que, como mínimo, se corresponderán a las del sueldo del Subgrupo o Grupo, en el supuesto de que éste no tenga Subgrupo, en que aspiren a ingresar.

Artículo 27. Retribuciones del personal laboral.

Las retribuciones del personal laboral se determinarán de acuerdo con la legislación laboral, el convenio colectivo que sea aplicable y el contrato de trabajo, respetando en todo caso lo establecido en el artículo 21 del presente Estatuto.

Artículo 28. Indemnizaciones.

Los funcionarios percibirán las indemnizaciones

correspondientes por razón del servicio.

Artículo 29. Retribuciones diferidas.

Las Administraciones Públicas podrán destinar cantidades hasta el porcentaje de la masa salarial que se fije en las correspondientes Leyes de Presupuestos Generales del Estado a financiar aportaciones a planes de pensiones de empleo o contratos de seguro colectivos que incluyan la cobertura de la contingencia de jubilación, para el personal incluido en sus ámbitos, de acuerdo con lo establecido en la normativa reguladora de los Planes de Pensiones.

Las cantidades destinadas a financiar aportaciones a planes de pensiones o contratos de seguros tendrán a todos los efectos la consideración de retribución diferida.

Artículo 30. Deducción de retribuciones.

1. Sin perjuicio de la sanción disciplinaria que pueda corresponder, la parte de jornada no realizada dará lugar a la deducción proporcional de haberes, que no tendrá carácter sancionador.

2. Quienes ejerciten el derecho de huelga no devengarán ni percibirán las retribuciones correspondientes al tiempo en que hayan permanecido en esa situación sin que la deducción de haberes que se efectúe tenga carácter de sanción, ni afecte al régimen respectivo de sus prestaciones sociales.

CAPÍTULO IV

Derecho a la negociación colectiva, representación y participación institucional. Derecho de reunión

Artículo 31. Principios generales.

1. Los empleados públicos tienen derecho a la negociación colectiva, representación y participación institucional para la determinación de sus condiciones de trabajo.

2. Por negociación colectiva, a los efectos de esta ley, se entiende el derecho a negociar la determinación de condiciones de trabajo de los empleados de la Administración Pública.

3. Por representación, a los efectos de esta ley, se entiende la facultad de elegir representantes y constituir órganos unitarios a través de los cuales se instrumente la interlocución entre las Administraciones Públicas y sus empleados.

4. Por participación institucional, a los efectos de esta ley, se

entiende el derecho a participar, a través de las organizaciones sindicales, en los órganos de control y seguimiento de las entidades u organismos que legalmente se determine.

5. El ejercicio de los derechos establecidos en este artículo se garantiza y se lleva a cabo a través de los órganos y sistemas específicos regulados en el presente capítulo, sin perjuicio de otras formas de colaboración entre las Administraciones Públicas y sus empleados públicos o los representantes de éstos.

6. Las organizaciones sindicales más representativas en el ámbito de la Función Pública están legitimadas para la interposición de recursos en vía administrativa y jurisdiccional contra las resoluciones de los órganos de selección.

7. El ejercicio de los derechos establecidos en este capítulo deberá respetar en todo caso el contenido del presente Estatuto y las leyes de desarrollo previstas en el mismo.

8. Los procedimientos para determinar condiciones de trabajo en las Administraciones Públicas tendrán en cuenta las previsiones establecidas en los convenios y acuerdos de carácter internacional ratificados por España.

Artículo 32. Negociación colectiva, representación y participación del personal laboral.

1. La negociación colectiva, representación y participación de los empleados públicos con contrato laboral se regirá por la legislación laboral, sin perjuicio de los preceptos de este capítulo que expresamente les son de aplicación.

2. Se garantiza el cumplimiento de los convenios colectivos y acuerdos que afecten al personal laboral, salvo cuando excepcionalmente y por causa grave de interés público derivada de una alteración sustancial de las circunstancias económicas, los órganos de gobierno de las Administraciones Públicas suspendan o modifiquen el cumplimiento de convenios colectivos o acuerdos ya firmados en la medida estrictamente necesaria para salvaguardar el interés público.

En este supuesto, las Administraciones Públicas deberán informar a las organizaciones sindicales de las causas de la suspensión o modificación.

A los efectos de los previsto en este apartado, se entenderá, entre otras, que concurre causa grave de interés público derivada de la alteración sustancial de las circunstancias económicas cuando las Administraciones Públicas deban adoptar medidas o planes de ajuste, de reequilibrio de las cuentas públicas o de carácter económico financiero para asegurar la estabilidad presupuestaria o la corrección del déficit público.

Artículo 33. Negociación colectiva.

1. La negociación colectiva de condiciones de trabajo de los funcionarios públicos que estará sujeta a los principios de legalidad, cobertura presupuestaria, obligatoriedad, buena fe negocial, publicidad y transparencia, se efectuará mediante el ejercicio de la capacidad representativa reconocida a las organizaciones sindicales en los artículos 6.3.c); 7.1 y 7.2 de la Ley Orgánica 11/1985, de 2 de agosto, de Libertad Sindical, y lo previsto en este capítulo.

A este efecto, se constituirán Mesas de Negociación en las que estarán legitimados para estar presentes, por una parte, los representantes de la Administración Pública correspondiente, y por otra, las organizaciones sindicales más representativas a nivel estatal, las organizaciones sindicales más representativas de comunidad autónoma, así como los sindicatos que hayan obtenido el 10 por 100 o más de los representantes en las elecciones para Delegados y Juntas de Personal, en las unidades electorales comprendidas en el ámbito específico de su constitución.

2. Las Administraciones Públicas podrán encargar el desarrollo de las actividades de negociación colectiva a órganos creados por ellas, de naturaleza estrictamente técnica, que ostentarán su representación en la negociación colectiva previas las instrucciones políticas correspondientes y sin perjuicio de la ratificación de los acuerdos alcanzados por los órganos de gobierno o administrativos con competencia para ello.

Artículo 34. Mesas de Negociación.

1. A los efectos de la negociación colectiva de los funcionarios públicos, se constituirá una Mesa General de Negociación en el ámbito de la Administración General del Estado, así como en cada una de las Comunidades Autónomas, ciudades de Ceuta y Melilla y Entidades Locales.

2. Se reconoce la legitimación negocial de las asociaciones de municipios, así como la de las Entidades Locales de ámbito supramunicipal. A tales efectos, los municipios podrán adherirse con carácter previo o de manera sucesiva a la negociación colectiva que se lleve a cabo en el ámbito correspondiente.

Asimismo, una Administración o Entidad Pública podrá adherirse a los acuerdos alcanzados dentro del territorio de cada comunidad autónoma, o a los acuerdos alcanzados en un ámbito supramunicipal.

3. Son competencias propias de las Mesas Generales la

negociación de las materias relacionadas con condiciones de trabajo comunes a los funcionarios de su ámbito.

4. Dependiendo de las Mesas Generales de Negociación y por acuerdo de las mismas podrán constituirse Mesas Sectoriales, en atención a las condiciones específicas de trabajo de las organizaciones administrativas afectadas o a las peculiaridades de sectores concretos de funcionarios públicos y a su número.

5. La competencia de las Mesas Sectoriales se extenderá a los temas comunes a los funcionarios del sector que no hayan sido objeto de decisión por parte de la Mesa General respectiva o a los que ésta explícitamente les reenvíe o delegue.

6. El proceso de negociación se abrirá, en cada Mesa, en la fecha que, de común acuerdo, fijen la Administración correspondiente y la mayoría de la representación sindical. A falta de acuerdo, el proceso se iniciará en el plazo máximo de un mes desde que la mayoría de una de las partes legitimadas lo promueva, salvo que existan causas legales o pactadas que lo impidan.

7. Ambas partes estarán obligadas a negociar bajo el principio de la buena fe y proporcionarse mutuamente la información que precisen relativa a la negociación.

Artículo 35. Constitución y composición de las Mesas de Negociación.

1. Las Mesas a que se refieren los artículos 34, 36.3 y disposición adicional duodécima de este Estatuto quedarán válidamente constituidas cuando, además de la representación de la Administración correspondiente, y sin perjuicio del derecho de todas las organizaciones sindicales legitimadas a participar en ellas en proporción a su representatividad, tales organizaciones sindicales representen, como mínimo, la mayoría absoluta de los miembros de los órganos unitarios de representación en el ámbito de que se trate.

2. Las variaciones en la representatividad sindical, a efectos de modificación en la composición de las Mesas de Negociación, serán acreditadas por las organizaciones sindicales interesadas, mediante el correspondiente certificado de la Oficina Pública de Registro competente, cada dos años a partir de la fecha inicial de constitución de las citadas Mesas.

3. La designación de los componentes de las Mesas corresponderá a las partes negociadoras que podrán contar con la asistencia en las deliberaciones de asesores, que intervendrán con voz, pero sin voto.

4. En las normas de desarrollo del presente Estatuto se establecerá la composición numérica de las Mesas correspondientes a

sus ámbitos, sin que ninguna de las partes pueda superar el número de quince miembros.

Artículo 36. Mesas Generales de Negociación.

1. Se constituye una Mesa General de Negociación de las Administraciones Públicas. La representación de éstas será unitaria, estará presidida por la Administración General del Estado y contará con representantes de las Comunidades Autónomas, de las ciudades de Ceuta y Melilla y de la Federación Española de Municipios y Provincias, en función de las materias a negociar.

La representación de las organizaciones sindicales legitimadas para estar presentes de acuerdo con lo dispuesto en los artículos 6 y 7 de la Ley Orgánica 11/1985, de 2 de agosto, de Libertad Sindical, se distribuirá en función de los resultados obtenidos en las elecciones a los órganos de representación del personal, Delegados de Personal, Juntas de Personal y Comités de Empresa, en el conjunto de las Administraciones Públicas.

2. Serán materias objeto de negociación en esta Mesa las relacionadas en el artículo 37 de este Estatuto que resulten susceptibles de regulación estatal con carácter de norma básica, sin perjuicio de los acuerdos a que puedan llegar las comunidades autónomas en su correspondiente ámbito territorial en virtud de sus competencias exclusivas y compartidas en materia de Función Pública.

Será específicamente objeto de negociación en el ámbito de la Mesa General de Negociación de las Administraciones Públicas el incremento global de las retribuciones del personal al servicio de las Administraciones Públicas que corresponda incluir en el Proyecto de Ley de Presupuestos Generales del Estado de cada año.

3. Para la negociación de todas aquellas materias y condiciones de trabajo comunes al personal funcionario, estatutario y laboral de cada Administración Pública, se constituirá en la Administración General del Estado, en cada una de las comunidades autónomas, ciudades de Ceuta y Melilla y entidades locales una Mesa General de Negociación.

Son de aplicación a estas Mesas Generales los criterios establecidos en el apartado anterior sobre representación de las organizaciones sindicales en la Mesa General de Negociación de las Administraciones Públicas, tomando en consideración en cada caso los resultados obtenidos en las elecciones a los órganos de representación del personal funcionario y laboral del correspondiente ámbito de representación.

Además, también estarán presentes en estas Mesas Generales, las organizaciones sindicales que formen parte de la Mesa General de Negociación de las Administraciones Públicas siempre que hubieran obtenido el 10 por 100 de los representantes a personal funcionario o personal laboral en el ámbito correspondiente a la Mesa de que se trate.

Artículo 37. Materias objeto de negociación.

1. Serán objeto de negociación, en su ámbito respectivo y en relación con las competencias de cada Administración Pública y con el alcance que legalmente proceda en cada caso, las materias siguientes:

a) La aplicación del incremento de las retribuciones del personal al servicio de las Administraciones Públicas que se establezca en la Ley de Presupuestos Generales del Estado y de las comunidades autónomas.

b) La determinación y aplicación de las retribuciones complementarias de los funcionarios.

c) Las normas que fijen los criterios generales en materia de acceso, carrera, provisión, sistemas de clasificación de puestos de trabajo, y planes e instrumentos de planificación de recursos humanos.

d) Las normas que fijen los criterios y mecanismos generales en materia de evaluación del desempeño.

e) Los planes de Previsión Social Complementaria.

f) Los criterios generales de los planes y fondos para la formación y la promoción interna.

g) Los criterios generales para la determinación de prestaciones sociales y pensiones de clases pasivas.

h) Las propuestas sobre derechos sindicales y de participación.

i) Los criterios generales de acción social.

j) Las que así se establezcan en la normativa de prevención de riesgos laborales.

k) Las que afecten a las condiciones de trabajo y a las retribuciones de los funcionarios, cuya regulación exija norma con rango de ley.

l) Los criterios generales sobre ofertas de empleo público.

m) Las referidas a calendario laboral, horarios, jornadas, vacaciones, permisos, movilidad funcional y geográfica, así como los criterios generales sobre la planificación estratégica de los recursos humanos, en aquellos aspectos que afecten a condiciones de trabajo de los empleados públicos.

2. Quedan excluidas de la obligatoriedad de la negociación, las

materias siguientes:

a) Las decisiones de las Administraciones Públicas que afecten a sus potestades de organización.

Cuando las consecuencias de las decisiones de las Administraciones Públicas que afecten a sus potestades de organización tengan repercusión sobre condiciones de trabajo de los funcionarios públicos contempladas en el apartado anterior, procederá la negociación de dichas condiciones con las organizaciones sindicales a que se refiere este Estatuto.

b) La regulación del ejercicio de los derechos de los ciudadanos y de los usuarios de los servicios públicos, así como el procedimiento de formación de los actos y disposiciones administrativas.

c) La determinación de condiciones de trabajo del personal directivo.

d) Los poderes de dirección y control propios de la relación jerárquica.

e) La regulación y determinación concreta, en cada caso, de los sistemas, criterios, órganos y procedimientos de acceso al empleo público y la promoción profesional.

Artículo 38. Pactos y Acuerdos.

1. En el seno de las Mesas de Negociación correspondientes, los representantes de las Administraciones Públicas podrán concertar Pactos y Acuerdos con la representación de las organizaciones sindicales legitimadas a tales efectos, para la determinación de condiciones de trabajo de los funcionarios de dichas Administraciones.

2. Los Pactos se celebrarán sobre materias que se correspondan estrictamente con el ámbito competencial del órgano administrativo que lo suscriba y se aplicarán directamente al personal del ámbito correspondiente.

3. Los Acuerdos versarán sobre materias competencia de los órganos de gobierno de las Administraciones Públicas. Para su validez y eficacia será necesaria su aprobación expresa y formal por estos órganos. Cuando tales Acuerdos hayan sido ratificados y afecten a temas que pueden ser decididos de forma definitiva por los órganos de gobierno, el contenido de los mismos será directamente aplicable al personal incluido en su ámbito de aplicación, sin perjuicio de que a efectos formales se requiera la modificación o derogación, en su caso, de la normativa reglamentaria correspondiente.

Si los Acuerdos ratificados tratan sobre materias sometidas a reserva de ley que, en consecuencia, sólo pueden ser determinadas definitivamente por las Cortes Generales o las asambleas legislativas de las comunidades autónomas, su contenido carecerá de eficacia directa. No obstante, en este supuesto, el órgano de gobierno respectivo que tenga iniciativa legislativa procederá a la elaboración, aprobación y remisión a las Cortes Generales o asambleas legislativas de las comunidades autónomas del correspondiente proyecto de ley conforme al contenido del Acuerdo y en el plazo que se hubiera acordado.

Cuando exista falta de ratificación de un Acuerdo o, en su caso, una negativa expresa a incorporar lo acordado en el proyecto de ley correspondiente, se deberá iniciar la renegociación de las materias tratadas en el plazo de un mes, si así lo solicitara al menos la mayoría de una de las partes.

4. Los Pactos y Acuerdos deberán determinar las partes que los conciertan, el ámbito personal, funcional, territorial y temporal, así como la forma, plazo de preaviso y condiciones de denuncia de los mismos.

5. Se establecerán Comisiones Paritarias de seguimiento de los Pactos y Acuerdos con la composición y funciones que las partes determinen.

6. Los Pactos celebrados y los Acuerdos, una vez ratificados, deberán ser remitidos a la Oficina Pública que cada Administración competente determine y la Autoridad respectiva ordenará su publicación en el Boletín Oficial que corresponda en función del ámbito territorial.

7. En el supuesto de que no se produzca acuerdo en la negociación o en la renegociación prevista en el último párrafo del apartado 3 del presente artículo y una vez agotados, en su caso, los procedimientos de solución extrajudicial de conflictos, corresponderá a los órganos de gobierno de las Administraciones Públicas establecer las condiciones de trabajo de los funcionarios con las excepciones contempladas en los apartados 11, 12 y 13 del presente artículo.

8. Los Pactos y Acuerdos que, de conformidad con lo establecido en el artículo 37, contengan materias y condiciones generales de trabajo comunes al personal funcionario y laboral, tendrán la consideración y efectos previstos en este artículo para los funcionarios y en el artículo 83 del Estatuto de los Trabajadores para el personal laboral.

9. Los Pactos y Acuerdos en sus respectivos ámbitos y en relación con las competencias de cada Administración Pública, podrán establecer la estructura de la negociación colectiva así como fijar las reglas que han de resolver los conflictos de concurrencia entre las negociaciones de distinto ámbito y los criterios de primacía y complementariedad entre las diferentes unidades negociadoras.

10. Se garantiza el cumplimiento de los Pactos y Acuerdos, salvo cuando excepcionalmente y por causa grave de interés público derivada de una alteración sustancial de las circunstancias económicas, los órganos de gobierno de las Administraciones Públicas suspendan o modifiquen el cumplimiento de Pactos y Acuerdos ya firmados, en la medida estrictamente necesaria para salvaguardar el interés público.

En este supuesto, las Administraciones Públicas deberán informar a las organizaciones sindicales de las causas de la suspensión o modificación.

A los efectos de los previsto en este apartado, se entenderá, entre otras, que concurre causa grave de interés público derivada de la alteración sustancial de las circunstancias económicas cuando las Administraciones Públicas deban adoptar medidas o planes de ajuste, de reequilibrio de las cuentas públicas o de carácter económico financiero para asegurar la estabilidad presupuestaria o la corrección del déficit público.

11. Salvo acuerdo en contrario, los Pactos y Acuerdos se prorrogarán de año en año si no mediara denuncia expresa de una de las partes.

12. La vigencia del contenido de los Pactos y Acuerdos una vez concluida su duración, se producirá en los términos que los mismos hubieren establecido.

13. Los Pactos y Acuerdos que sucedan a otros anteriores los derogan en su integridad, salvo los aspectos que expresamente se acuerde mantener.

Artículo 39. Órganos de representación.

1. Los órganos específicos de representación de los funcionarios son los Delegados de Personal y las Juntas de Personal.

2. En las unidades electorales donde el número de funcionarios sea igual o superior a 6 e inferior a 50, su representación corresponderá a los Delegados de Personal. Hasta 30 funcionarios se elegirá un Delegado, y de 31 a 49 se elegirán tres, que ejercerán su representación conjunta y mancomunadamente.

3. Las Juntas de Personal se constituirán en unidades electorales que cuenten con un censo mínimo de 50 funcionarios.

4. El establecimiento de las unidades electorales se regulará por el Estado y por cada Comunidad Autónoma dentro del ámbito de sus competencias legislativas. Previo acuerdo con las Organizaciones Sindicales legitimadas en los artículos 6 y 7 de la Ley Orgánica 11/1985, de 2 de agosto, de Libertad Sindical, los órganos de gobierno de las Administraciones Públicas podrán modificar o

establecer unidades electorales en razón del número y peculiaridades de sus colectivos, adecuando la configuración de las mismas a las estructuras administrativas o a los ámbitos de negociación constituidos o que se constituyan.

5. Cada Junta de Personal se compone de un número de representantes, en función del número de funcionarios de la Unidad electoral correspondiente, de acuerdo con la siguiente escala, en coherencia con lo establecido en el Estatuto de los Trabajadores:

De 50 a 100 funcionarios: 5.

De 101 a 250 funcionarios: 9.

De 251 a 500 funcionarios: 13.

De 501 a 750 funcionarios: 17.

De 751 a 1.000 funcionarios: 21.

De 1.001 en adelante, dos por cada 1.000 o fracción, con el máximo de 75.

6. Las Juntas de Personal elegirán de entre sus miembros un Presidente y un Secretario y elaborarán su propio reglamento de procedimiento, que no podrá contravenir lo dispuesto en el presente Estatuto y legislación de desarrollo, remitiendo copia del mismo y de sus modificaciones al órgano u órganos competentes en materia de personal que cada Administración determine. El reglamento y sus modificaciones deberán ser aprobados por los votos favorables de, al menos, dos tercios de sus miembros.

Artículo 40. Funciones y legitimación de los órganos de representación.

1. Las Juntas de Personal y los Delegados de Personal, en su caso, tendrán las siguientes funciones, en sus respectivos ámbitos:

a) Recibir información, sobre la política de personal, así como sobre los datos referentes a la evolución de las retribuciones, evolución probable del empleo en el ámbito correspondiente y programas de mejora del rendimiento.

b) Emitir informe, a solicitud de la Administración Pública correspondiente, sobre el traslado total o parcial de las instalaciones e implantación o revisión de sus sistemas de organización y métodos de trabajo.

c) Ser informados de todas las sanciones impuestas por faltas muy graves.

d) Tener conocimiento y ser oídos en el establecimiento de la jornada laboral y horario de trabajo, así como en el régimen de vacaciones y permisos.

e) Vigilar el cumplimiento de las normas vigentes en materia de condiciones de trabajo, prevención de riesgos laborales, Seguridad Social y empleo y ejercer, en su caso, las acciones legales oportunas ante los organismos competentes.

f) Colaborar con la Administración correspondiente para conseguir el establecimiento de cuantas medidas procuren el mantenimiento e incremento de la productividad.

2. Las Juntas de Personal, colegiadamente, por decisión mayoritaria de sus miembros y, en su caso, los Delegados de Personal, mancomunadamente, estarán legitimados para iniciar, como interesados, los correspondientes procedimientos administrativos y ejercitar las acciones en vía administrativa o judicial en todo lo relativo al ámbito de sus funciones.

Artículo 41. Garantías de la función representativa del personal.

1. Los miembros de las Juntas de Personal y los Delegados de Personal, en su caso, como representantes legales de los funcionarios, dispondrán en el ejercicio de su función representativa de las siguientes garantías y derechos:

a) El acceso y libre circulación por las dependencias de su unidad electoral, sin que se entorpezca el normal funcionamiento de las correspondientes unidades administrativas, dentro de los horarios habituales de trabajo y con excepción de las zonas que se reserven de conformidad con lo dispuesto en la legislación vigente.

b) La distribución libre de las publicaciones que se refieran a cuestiones profesionales y sindicales.

c) La audiencia en los expedientes disciplinarios a que pudieran ser sometidos sus miembros durante el tiempo de su mandato y durante el año inmediatamente posterior, sin perjuicio de la audiencia al interesado regulada en el procedimiento sancionador.

d) Un crédito de horas mensuales dentro de la jornada de trabajo y retribuidas como de trabajo efectivo, de acuerdo con la siguiente escala:

Hasta 100 funcionarios: 15.

De 101 a 250 funcionarios: 20.

De 251 a 500 funcionarios: 30.

De 501 a 750 funcionarios: 35.

De 751 en adelante: 40.

Los miembros de la Junta de Personal y Delegados de Personal de la misma candidatura que así lo manifiesten podrán proceder, previa comunicación al órgano que ostente la Jefatura de Personal ante la que aquélla ejerza su representación, a la acumulación de los créditos horarios.

e) No ser trasladados ni sancionados por causas relacionadas con el ejercicio de su mandato representativo, ni durante la vigencia del mismo, ni en el año siguiente a su extinción, exceptuando la extinción que tenga lugar por revocación o dimisión.

2. Los miembros de las Juntas de Personal y los Delegados de Personal no podrán ser discriminados en su formación ni en su promoción económica o profesional por razón del desempeño de su representación.

3. Cada uno de los miembros de la Junta de Personal y ésta como órgano colegiado, así como los Delegados de Personal, en su caso, observarán sigilo profesional en todo lo referente a los asuntos en que la Administración señale expresamente el carácter reservado, aún después de expirar su mandato. En todo caso, ningún documento reservado entregado por la Administración podrá ser utilizado fuera del estricto ámbito de la Administración para fines distintos de los que motivaron su entrega.

Artículo 42. Duración de la representación.

El mandato de los miembros de las Juntas de Personal y de los Delegados de Personal, en su caso, será de cuatro años, pudiendo ser reelegidos. El mandato se entenderá prorrogado si, a su término, no se hubiesen promovido nuevas elecciones, sin que los representantes con mandato prorrogado se contabilicen a efectos de determinar la capacidad representativa de los Sindicatos.

Artículo 43. Promoción de elecciones a Delegados y Juntas de Personal.

1. Podrán promover la celebración de elecciones a Delegados y Juntas de Personal, conforme a lo previsto en el presente Estatuto y en los artículos 6 y 7 de la Ley Orgánica 11/1985, de 2 de agosto, de Libertad Sindical:

a) Los Sindicatos más representativos a nivel estatal.

b) Los sindicatos más representativos a nivel de comunidad autónoma, cuando la unidad electoral afectada esté ubicada en su ámbito geográfico.

c) Los sindicatos que, sin ser más representativos, hayan conseguido al menos el 10 por 100 de los representantes a los que se refiere este Estatuto en el conjunto de las Administraciones Públicas.

d) Los sindicatos que hayan obtenido al menos un porcentaje del 10 por 100 en la unidad electoral en la que se pretende promover las elecciones.

e) Los funcionarios de la unidad electoral, por acuerdo mayoritario.

2. Los legitimados para promover elecciones tendrán, a este efecto, derecho a que la Administración Pública correspondiente les suministre el censo de personal de las unidades electorales afectadas, distribuido por organismos o centros de trabajo.

Artículo 44. Procedimiento electoral.

El procedimiento para la elección de las Juntas de Personal y para la elección de Delegados de Personal se determinará reglamentariamente teniendo en cuenta los siguientes criterios generales:

a) La elección se realizará mediante sufragio personal, directo, libre y secreto que podrá emitirse por correo o por otros medios telemáticos.

b) Serán electores y elegibles los funcionarios que se encuentren en la situación de servicio activo. No tendrán la consideración de electores ni elegibles los funcionarios que ocupen puestos cuyo nombramiento se efectúe a través de real decreto o por decreto de los consejos de gobierno de las comunidades autónomas y de las ciudades de Ceuta y Melilla.

c) Podrán presentar candidaturas las organizaciones sindicales legalmente constituidas o las coaliciones de éstas, y los grupos de electores de una misma unidad electoral, siempre que el número de ellos sea equivalente, al menos, al triple de los miembros a elegir.

d) Las Juntas de Personal se elegirán mediante listas cerradas a través de un sistema proporcional corregido, y los Delegados de Personal mediante listas abiertas y sistema mayoritario.

e) Los órganos electorales serán las Mesas Electorales que se constituyan para la dirección y desarrollo del procedimiento electoral y las oficinas públicas permanentes para el cómputo y certificación de resultados reguladas en la normativa laboral.

f) Las impugnaciones se tramitarán conforme a un procedimiento arbitral, excepto las reclamaciones contra las denegaciones de inscripción de actas electorales que podrán plantearse directamente ante la jurisdicción social.

Artículo 45. Solución extrajudicial de conflictos colectivos.

1. Con independencia de las atribuciones fijadas por las partes a las comisiones paritarias previstas en el artículo 38.5 para el conocimiento y resolución de los conflictos derivados de la aplicación e interpretación de los Pactos y Acuerdos, las Administraciones Públicas y las organizaciones sindicales a que se refiere el presente capítulo podrán acordar la creación, configuración y desarrollo de sistemas de solución extrajudicial de conflictos colectivos.

2. Los conflictos a que se refiere el apartado anterior podrán ser los derivados de la negociación, aplicación e interpretación de los Pactos y Acuerdos sobre las materias señaladas en el artículo 37, excepto para aquellas en que exista reserva de ley.

3. Los sistemas podrán estar integrados por procedimientos de mediación y arbitraje. La mediación será obligatoria cuando lo solicite una de las partes y las propuestas de solución que ofrezcan el mediador o mediadores podrán ser libremente aceptadas o rechazadas por las mismas.

Mediante el procedimiento de arbitraje las partes podrán acordar voluntariamente encomendar a un tercero la resolución del conflicto planteado, comprometiéndose de antemano a aceptar el contenido de la misma.

4. El acuerdo logrado a través de la mediación o de la resolución de arbitraje tendrá la misma eficacia jurídica y tramitación de los Pactos y Acuerdos regulados en el presente Estatuto, siempre que quienes hubieran adoptado el acuerdo o suscrito el compromiso arbitral tuviesen la legitimación que les permita acordar, en el ámbito del conflicto, un Pacto o Acuerdo conforme a lo previsto en este Estatuto.

Estos acuerdos serán susceptibles de impugnación. Específicamente cabrá recurso contra la resolución arbitral en el caso de que no se hubiesen observado en el desarrollo de la actuación arbitral los requisitos y formalidades establecidos al efecto o cuando la resolución hubiese versado sobre puntos no sometidos a su decisión, o que ésta contradiga la legalidad vigente.

5. La utilización de estos sistemas se efectuará conforme a los procedimientos que reglamentariamente se determinen previo acuerdo con las organizaciones sindicales representativas.

Artículo 46. Derecho de reunión.

1. Están legitimados para convocar una reunión, además de las organizaciones sindicales, directamente o a través de los Delegados Sindicales:

a) Los Delegados de Personal.

b) Las Juntas de Personal.

c) Los Comités de Empresa.

d) Los empleados públicos de las Administraciones respectivas en número no inferior al 40 por 100 del colectivo convocado.

2. Las reuniones en el centro de trabajo se autorizarán fuera de las horas de trabajo, salvo acuerdo entre el órgano competente en materia de personal y quienes estén legitimados para convocarlas.

La celebración de la reunión no perjudicará la prestación de los servicios y los convocantes de la misma serán responsables de su normal desarrollo.

CAPÍTULO V

Derecho a la jornada de trabajo, permisos y vacaciones

Artículo 47. Jornada de trabajo de los funcionarios públicos.

Las Administraciones Públicas establecerán la jornada general y las especiales de trabajo de sus funcionarios públicos. La jornada de trabajo podrá ser a tiempo completo o a tiempo parcial.

Artículo 48. Permisos de los funcionarios públicos.

Los funcionarios públicos tendrán los siguientes permisos:

a) Por fallecimiento, accidente o enfermedad grave de un familiar dentro del primer grado de consanguinidad o afinidad, tres días hábiles cuando el suceso se produzca en la misma localidad, y cinco días hábiles cuando sea en distinta localidad.

Cuando se trate del fallecimiento, accidente o enfermedad grave de un familiar dentro del segundo grado de consanguinidad o afinidad, el permiso será de dos días hábiles cuando se produzca en la misma localidad y de cuatro días hábiles cuando sea en distinta localidad.

b) Por traslado de domicilio sin cambio de residencia, un día.

c) Para realizar funciones sindicales o de representación del personal, en los términos que se determine.

d) Para concurrir a exámenes finales y demás pruebas definitivas de aptitud, durante los días de su celebración.

e) Por el tiempo indispensable para la realización de exámenes prenatales y técnicas de preparación al parto por las funcionarias embarazadas y, en los casos de adopción o acogimiento, o guarda con fines de adopción, para la asistencia a las preceptivas sesiones de información y preparación y para la realización de los preceptivos informes psicológicos y sociales previos a la declaración de idoneidad, que deban realizarse dentro de la jornada de trabajo.

f) Por lactancia de un hijo menor de doce meses tendrá derecho a una hora de ausencia del trabajo que podrá dividir en dos fracciones. Este derecho podrá sustituirse por una reducción de la jornada normal en media hora al inicio y al final de la jornada o, en una hora al inicio o al final de la jornada, con la misma finalidad. Este derecho podrá ser ejercido indistintamente por uno u otro de los progenitores, en el caso de que ambos trabajen.

Igualmente la funcionaria podrá solicitar la sustitución del tiempo de lactancia por un permiso retribuido que acumule en jornadas completas el tiempo correspondiente.

Este permiso se incrementará proporcionalmente en los casos de parto múltiple.

g) Por nacimiento de hijos prematuros o que por cualquier otra causa deban permanecer hospitalizados a continuación del parto, la funcionaria o el funcionario tendrá derecho a ausentarse del trabajo durante un máximo de dos horas diarias percibiendo las retribuciones íntegras.

Asimismo, tendrán derecho a reducir su jornada de trabajo hasta un máximo de dos horas, con la disminución proporcional de sus retribuciones.

h) Por razones de guarda legal, cuando el funcionario tenga el cuidado directo de algún menor de doce años, de persona mayor que requiera especial dedicación, o de una persona con discapacidad que no desempeñe actividad retribuida, tendrá derecho a la reducción de su jornada de trabajo, con la disminución de sus retribuciones que corresponda.

Tendrá el mismo derecho el funcionario que precise encargarse del cuidado directo de un familiar, hasta el segundo grado de consanguinidad o afinidad, que por razones de edad, accidente o enfermedad no pueda valerse por sí mismo y que no desempeñe actividad retribuida.

i) Por ser preciso atender el cuidado de un familiar de primer grado, el funcionario tendrá derecho a solicitar una reducción de hasta el cincuenta por ciento de la jornada laboral, con carácter retribuido, por razones de enfermedad muy grave y por el plazo máximo de un mes.

Si hubiera más de un titular de este derecho por el mismo hecho causante, el tiempo de disfrute de esta reducción se podrá prorratear entre los mismos, respetando en todo caso, el plazo máximo de un mes.

j) Por tiempo indispensable para el cumplimiento de un deber inexcusable de carácter público o personal y por deberes relacionados con la conciliación de la vida familiar y laboral.

k) Por asuntos particulares, seis días al año.

l) Por matrimonio, quince días.

Artículo 49. Permisos por motivos de conciliación de la vida personal, familiar y laboral, por razón de violencia de género y para las víctimas de terrorismo y sus familiares directos.

En todo caso se concederán los siguientes permisos con las correspondientes condiciones mínimas:

a) Permiso por parto: tendrá una duración de dieciséis semanas ininterrumpidas. Este permiso se ampliará en dos semanas más en el supuesto de discapacidad del hijo y, por cada hijo a partir del segundo, en los supuestos de parto múltiple. El permiso se distribuirá a opción de la funcionaria siempre que seis semanas sean inmediatamente posteriores al parto. En caso de fallecimiento de la madre, el otro progenitor podrá hacer uso de la totalidad o, en su caso, de la parte que reste de permiso.

No obstante lo anterior, y sin perjuicio de las seis semanas inmediatas posteriores al parto de descanso obligatorio para la madre, en el caso de que ambos progenitores trabajen, la madre, al iniciarse el periodo de descanso por maternidad, podrá optar por que el otro progenitor disfrute de una parte determinada e ininterrumpida del periodo de descanso posterior al parto, bien de forma simultánea o sucesiva con el de la madre. El otro progenitor podrá seguir disfrutando del permiso de maternidad inicialmente cedido, aunque en el momento previsto para la reincorporación de la madre al trabajo ésta se encuentre en situación de incapacidad temporal.

En los casos de disfrute simultáneo de periodos de descanso, la suma de los mismos no podrá exceder de las dieciséis semanas o de las que correspondan en caso de discapacidad del hijo o de parto múltiple.

Este permiso podrá disfrutarse a jornada completa o a tiempo parcial, cuando las necesidades del servicio lo permitan, y en los términos que reglamentariamente se determinen.

En los casos de parto prematuro y en aquéllos en que, por cualquier otra causa, el neonato deba permanecer hospitalizado a continuación del parto, este permiso se ampliará en tantos días como el neonato se encuentre hospitalizado, con un máximo de trece semanas adicionales.

Durante el disfrute de este permiso se podrá participar en los cursos de formación que convoque la Administración.

b) Permiso por adopción, por guarda con fines de adopción, o acogimiento, tanto temporal como permanente: tendrá una duración de dieciséis semanas ininterrumpidas. Este permiso se ampliará en dos semanas más en el supuesto de discapacidad del menor adoptado o acogido y por cada hijo, a partir del segundo, en los supuestos de adopción o acogimiento múltiple.

El cómputo del plazo se contará a elección del funcionario, a partir de la decisión administrativa de guarda con fines de adopción o acogimiento, o a partir de la resolución judicial por la que se constituya la adopción sin que en ningún caso un mismo menor pueda dar derecho a varios periodos de disfrute de este permiso.

En el caso de que ambos progenitores trabajen, el permiso se distribuirá a opción de los interesados, que podrán disfrutarlo de forma simultánea o sucesiva, siempre en periodos ininterrumpidos.

En los casos de disfrute simultáneo de periodos de descanso, la suma de los mismos no podrá exceder de las dieciséis semanas o de las que correspondan en caso de adopción o acogimiento múltiple y de discapacidad del menor adoptado o acogido.

Este permiso podrá disfrutarse a jornada completa o a tiempo parcial, cuando las necesidades de servicio lo permitan, y en los términos que reglamentariamente se determine.

Si fuera necesario el desplazamiento previo de los progenitores al país de origen del adoptado, en los casos de adopción o acogimiento internacional, se tendrá derecho, además, a un permiso de hasta dos meses de duración, percibiendo durante este periodo exclusivamente las retribuciones básicas.

Con independencia del permiso de hasta dos meses previsto en el párrafo anterior y para el supuesto contemplado en dicho párrafo, el permiso por adopción, guarda con fines de adopción o acogimiento, tanto temporal como permanente, podrá iniciarse hasta cuatro semanas antes de la resolución judicial por la que se constituya la adopción o la decisión administrativa o judicial de acogimiento.

Durante el disfrute de este permiso se podrá participar en los cursos de formación que convoque la Administración.

Los supuestos de adopción, guarda con fines de adopción o acogimiento, tanto temporal como permanente, previstos en este artículo serán los que así se establezcan en el Código Civil o en las leyes civiles de las comunidades autónomas que los regulen, debiendo tener el acogimiento temporal una duración no inferior a un año.

c) Permiso de paternidad por el nacimiento, guarda con fines de adopción, acogimiento o adopción de un hijo: tendrá una duración de cuatro semanas, a disfrutar por el padre o el otro progenitor a partir de la fecha del nacimiento, de la decisión administrativa de guarda con fines de adopción o acogimiento, o de la resolución judicial por la que se constituya la adopción.

Este permiso es independiente del disfrute compartido de los permisos contemplados en los apartados a) y b).

En los casos previstos en los apartados a), b), y c) el tiempo transcurrido durante el disfrute de estos permisos se computará como de servicio efectivo a todos los efectos, garantizándose la plenitud de derechos económicos de la funcionaria y, en su caso, del otro progenitor funcionario, durante todo el periodo de duración del permiso, y, en su caso, durante los periodos posteriores al disfrute de este, si de acuerdo con la normativa aplicable, el derecho a percibir algún concepto retributivo se determina en función del periodo de disfrute del permiso.

Los funcionarios que hayan hecho uso del permiso por parto o maternidad, paternidad, adopción guarda con fines de adopción o acogimiento tanto temporal como permanente, tendrán derecho, una vez finalizado el periodo de permiso, a reintegrarse a su puesto de trabajo en términos y condiciones que no les resulten menos favorables al disfrute del permiso, así como a beneficiarse de cualquier mejora en las condiciones de trabajo a las que hubieran podido tener derecho durante su ausencia.

d) Permiso por razón de violencia de género sobre la mujer funcionaria: las faltas de asistencia de las funcionarias víctimas de violencia de género, totales o parciales, tendrán la consideración de justificadas por el tiempo y en las condiciones en que así lo determinen los servicios sociales de atención o de salud según proceda.

Asimismo, las funcionarias víctimas de violencia sobre la mujer, para hacer efectiva su protección o su derecho de asistencia social integral, tendrán derecho a la reducción de la jornada con disminución proporcional de la retribución, o la reordenación del tiempo de trabajo, a través de la adaptación del horario, de la aplicación del horario flexible o de otras formas de ordenación del tiempo de trabajo que sean aplicables, en los términos que para estos supuestos establezca la Administración Pública competente en casa caso.

e) Permiso por cuidado de hijo menor afectado por cáncer u otra enfermedad grave: el funcionario tendrá derecho, siempre que ambos progenitores, adoptantes, guardadores con fines de adopción o acogedores de carácter permanente trabajen, a una reducción de la jornada de trabajo de al menos la mitad de la duración de aquélla, percibiendo las retribuciones íntegras con cargo a los presupuestos del órgano o entidad donde venga prestando sus servicios, para el cuidado, durante la hospitalización y tratamiento continuado, del hijo menor de edad afectado por cáncer (tumores malignos, melanomas o carcinomas) o por cualquier otra enfermedad grave que implique un ingreso hospitalario de larga duración y requiera la necesidad de su cuidado directo, continuo y permanente acreditado por el informe del servicio público de salud u órgano administrativo sanitario de la comunidad autónoma o, en su caso, de la entidad sanitaria concertada correspondiente y, como máximo, hasta que el menor cumpla los 18 años.

Cuando concurran en ambos progenitores, adoptantes, guardadores con fines de adopción o acogedores de carácter permanente, por el mismo sujeto y hecho causante, las circunstancias necesarias para tener derecho a este permiso o, en su caso, puedan tener la condición de beneficiarios de la prestación establecida para este fin en el Régimen de la Seguridad Social que les sea de aplicación, el funcionario tendrá derecho a la percepción de las retribuciones íntegras durante el tiempo que dure la reducción de su jornada de trabajo, siempre que el otro progenitor, adoptante o guardador con fines de adopción o acogedor de carácter permanente, sin perjuicio del derecho a la reducción de jornada que le corresponda, no cobre sus retribuciones íntegras en virtud de este permiso o como beneficiario de la prestación establecida para este fin en el Régimen de la Seguridad Social que le sea de aplicación. En caso contrario, sólo se tendrá derecho a la reducción de jornada, con la consiguiente reducción de retribuciones.

Asimismo, en el supuesto de que ambos presten servicios en el mismo órgano o entidad, ésta podrá limitar su ejercicio simultáneo por razones fundadas en el correcto funcionamiento del servicio.

Reglamentariamente se establecerán las condiciones y supuestos en los que esta reducción de jornada se podrá acumular en jornadas completas

f) Para hacer efectivo su derecho a la protección y a la asistencia social integral, los funcionarios que hayan sufrido daños físicos o psíquicos como consecuencia de la actividad terrorista, su cónyuge o persona con análoga relación de afectividad, y los hijos de los heridos y fallecidos, siempre que ostenten la condición de funcionarios y de víctimas del terrorismo de acuerdo con la legislación vigente, así como los funcionarios amenazados en los términos del artículo 5 de la Ley 29/2011, de 22 de septiembre, de Reconocimiento y Protección Integral a las Víctimas del Terrorismo, previo reconocimiento del Ministerio del Interior o de sentencia judicial firme, tendrán derecho a la reducción de la jornada con disminución proporcional de la retribución, o a la reordenación del tiempo de trabajo, a través de la adaptación del horario, de la aplicación del horario flexible o de otras formas de ordenación del tiempo de trabajo que sean aplicables, en los términos que establezca la Administración competente en cada caso.

Dichas medidas serán adoptadas y mantenidas en el tiempo en tanto que resulten necesarias para la protección y asistencia social integral de la persona a la que se concede, ya sea por razón de las secuelas provocadas por la acción terrorista, ya sea por la amenaza a la que se encuentra sometida, en los términos previstos reglamentariamente.

Artículo 50. Vacaciones de los funcionarios públicos.

1. Los funcionarios públicos tendrán derecho a disfrutar, durante cada año natural, de unas vacaciones retribuidas de veintidós días hábiles, o de los días que correspondan proporcionalmente si el tiempo de servicio durante el año fue menor.

A los efectos de lo previsto en el presente artículo, no se considerarán como días hábiles los sábados, sin perjuicio de las adaptaciones que se establezcan para los horarios especiales.

2. Cuando las situaciones de permiso de maternidad, incapacidad temporal, riesgo durante la lactancia o riesgo durante el embarazo impidan iniciar el disfrute de las vacaciones dentro del año natural al que correspondan, o una vez iniciado el periodo vacacional sobreviniera una de dichas situaciones, el periodo vacacional se podrá disfrutar aunque haya terminado el año natural a que correspondan y siempre que no hayan transcurrido más de dieciocho meses a partir del final del año en que se hayan originado.

Artículo 51. Jornada de trabajo, permisos y vacaciones del personal laboral.

Para el régimen de jornada de trabajo, permisos y vacaciones del personal laboral se estará a lo establecido en este capítulo y en la legislación laboral correspondiente.

CAPÍTULO VI

Deberes de los empleados públicos. Código de Conducta

Artículo 52. Deberes de los empleados públicos. Código de Conducta.

Los empleados públicos deberán desempeñar con diligencia las tareas que tengan asignadas y velar por los intereses generales con sujeción y observancia de la Constitución y del resto del ordenamiento jurídico, y deberán actuar con arreglo a los siguientes principios: objetividad, integridad, neutralidad, responsabilidad, imparcialidad, confidencialidad, dedicación al servicio público, transparencia, ejemplaridad, austeridad, accesibilidad, eficacia, honradez, promoción del entorno cultural y medioambiental, y respeto a la igualdad entre mujeres y hombres, que inspiran el Código de Conducta de los empleados públicos configurado por los principios éticos y de conducta regulados en los artículos siguientes.

Los principios y reglas establecidos en este capítulo informarán la interpretación y aplicación del régimen disciplinario de los empleados públicos.

Artículo 53. Principios éticos.

1. Los empleados públicos respetarán la Constitución y el resto de normas que integran el ordenamiento jurídico.

2. Su actuación perseguirá la satisfacción de los intereses generales de los ciudadanos y se fundamentará en consideraciones objetivas orientadas hacia la imparcialidad y el interés común, al margen de cualquier otro factor que exprese posiciones personales, familiares, corporativas, clientelares o cualesquiera otras que puedan colisionar con este principio.

3. Ajustarán su actuación a los principios de lealtad y buena fe con la Administración en la que presten sus servicios, y con sus superiores, compañeros, subordinados y con los ciudadanos.

4. Su conducta se basará en el respeto de los derechos fundamentales y libertades públicas, evitando toda actuación que pueda producir discriminación alguna por razón de nacimiento, origen racial o étnico, género, sexo, orientación sexual, religión o convicciones, opinión, discapacidad, edad o cualquier otra condición o circunstancia personal o social.

5. Se abstendrán en aquellos asuntos en los que tengan un interés personal, así como de toda actividad privada o interés que pueda suponer un riesgo de plantear conflictos de intereses con su puesto público.

6. No contraerán obligaciones económicas ni intervendrán en operaciones financieras, obligaciones patrimoniales o negocios jurídicos con personas o entidades cuando pueda suponer un conflicto de intereses con las obligaciones de su puesto público.

7. No aceptarán ningún trato de favor o situación que implique privilegio o ventaja injustificada, por parte de personas físicas o entidades privadas.

8. Actuarán de acuerdo con los principios de eficacia, economía y eficiencia, y vigilarán la consecución del interés general y el cumplimiento de los objetivos de la organización.

9. No influirán en la agilización o resolución de trámite o procedimiento administrativo sin justa causa y, en ningún caso, cuando ello comporte un privilegio en beneficio de los titulares de los cargos públicos o su entorno familiar y social inmediato o cuando suponga un menoscabo de los intereses de terceros.

10. Cumplirán con diligencia las tareas que les correspondan o se les encomienden y, en su caso, resolverán dentro de plazo los

procedimientos o expedientes de su competencia.

11. Ejercerán sus atribuciones según el principio de dedicación al servicio público absteniéndose no solo de conductas contrarias al mismo, sino también de cualesquiera otras que comprometan la neutralidad en el ejercicio de los servicios públicos.

12. Guardarán secreto de las materias clasificadas u otras cuya difusión esté prohibida legalmente, y mantendrán la debida discreción sobre aquellos asuntos que conozcan por razón de su cargo, sin que puedan hacer uso de la información obtenida para beneficio propio o de terceros, o en perjuicio del interés público.

Artículo 54. Principios de conducta.

1. Tratarán con atención y respeto a los ciudadanos, a sus superiores y a los restantes empleados públicos.

2. El desempeño de las tareas correspondientes a su puesto de trabajo se realizará de forma diligente y cumpliendo la jornada y el horario establecidos.

3. Obedecerán las instrucciones y órdenes profesionales de los superiores, salvo que constituyan una infracción manifiesta del ordenamiento jurídico, en cuyo caso las pondrán inmediatamente en conocimiento de los órganos de inspección procedentes.

4. Informarán a los ciudadanos sobre aquellas materias o asuntos que tengan derecho a conocer, y facilitarán el ejercicio de sus derechos y el cumplimiento de sus obligaciones.

5. Administrarán los recursos y bienes públicos con austeridad, y no utilizarán los mismos en provecho propio o de personas allegadas. Tendrán, asimismo, el deber de velar por su conservación.

6. Se rechazará cualquier regalo, favor o servicio en condiciones ventajosas que vaya más allá de los usos habituales, sociales y de cortesía, sin perjuicio de lo establecido en el Código Penal.

7. Garantizarán la constancia y permanencia de los documentos para su transmisión y entrega a sus posteriores responsables.

8. Mantendrán actualizada su formación y cualificación.

9. Observarán las normas sobre seguridad y salud laboral.

10. Pondrán en conocimiento de sus superiores o de los órganos competentes las propuestas que consideren adecuadas para mejorar el desarrollo de las funciones de la unidad en la que estén destinados. A estos efectos se podrá prever la creación de la instancia adecuada competente para centralizar la recepción de las propuestas de los empleados públicos o administrados que sirvan para mejorar la eficacia en el servicio.

11. Garantizarán la atención al ciudadano en la lengua que lo

solicite siempre que sea oficial en el territorio.

TÍTULO IV

Adquisición y pérdida de la relación de servicio

CAPÍTULO I

Acceso al empleo público y adquisición de la relación de servicio

Artículo 55. Principios rectores.

1. Todos los ciudadanos tienen derecho al acceso al empleo público de acuerdo con los principios constitucionales de igualdad, mérito y capacidad, y de acuerdo con lo previsto en el presente Estatuto y en el resto del ordenamiento jurídico.

2. Las Administraciones Públicas, entidades y organismos a que se refiere el artículo 2 del presente Estatuto seleccionarán a su personal funcionario y laboral mediante procedimientos en los que se garanticen los principios constitucionales antes expresados, así como los establecidos a continuación:

a) Publicidad de las convocatorias y de sus bases.

b) Transparencia.

c) Imparcialidad y profesionalidad de los miembros de los órganos de selección.

d) Independencia y discrecionalidad técnica en la actuación de los órganos de selección.

e) Adecuación entre el contenido de los procesos selectivos y las funciones o tareas a desarrollar.

f) Agilidad, sin perjuicio de la objetividad, en los procesos de selección.

Artículo 56. Requisitos generales.

1. Para poder participar en los procesos selectivos será necesario reunir los siguientes requisitos:

a) Tener la nacionalidad española, sin perjuicio de lo dispuesto en el artículo siguiente.

b) Poseer la capacidad funcional para el desempeño de las tareas.

c) Tener cumplidos dieciséis años y no exceder, en su caso, de la edad máxima de jubilación forzosa. Sólo por ley podrá establecerse otra edad máxima, distinta de la edad de jubilación forzosa, para el acceso al empleo público.

d) No haber sido separado mediante expediente disciplinario del servicio de cualquiera de las Administraciones Públicas o de los órganos constitucionales o estatutarios de las Comunidades Autónomas, ni hallarse en inhabilitación absoluta o especial para empleos o cargos públicos por resolución judicial, para el acceso al cuerpo o escala de funcionario, o para ejercer funciones similares a las que desempeñaban en el caso del personal laboral, en el que hubiese sido separado o inhabilitado. En el caso de ser nacional de otro Estado, no hallarse inhabilitado o en situación equivalente ni haber sido sometido a sanción disciplinaria o equivalente que impida, en su Estado, en los mismos términos el acceso al empleo público.

e) Poseer la titulación exigida.

2. Las Administraciones Públicas, en el ámbito de sus competencias, deberán prever la selección de empleados públicos debidamente capacitados para cubrir los puestos de trabajo en las Comunidades Autónomas que gocen de dos lenguas oficiales.

3. Podrá exigirse el cumplimiento de otros requisitos específicos que guarden relación objetiva y proporcionada con las funciones asumidas y las tareas a desempeñar. En todo caso, habrán de establecerse de manera abstracta y general.

Artículo 57. Acceso al empleo público de nacionales de otros Estados.

1. Los nacionales de los Estados miembros de la Unión Europea podrán acceder, como personal funcionario, en igualdad de condiciones que los españoles a los empleos públicos, con excepción de aquellos que directa o indirectamente impliquen una participación en el ejercicio del poder público o en las funciones que tienen por objeto la salvaguardia de los intereses del Estado o de las Administraciones Públicas.

A tal efecto, los órganos de gobierno de las Administraciones Públicas determinarán las agrupaciones de funcionarios contempladas en el artículo 76 a las que no puedan acceder los nacionales de otros Estados.

2. Las previsiones del apartado anterior serán de aplicación, cualquiera que sea su nacionalidad, al cónyuge de los españoles y de los nacionales de otros Estados miembros de la Unión Europea, siempre que no estén separados de derecho y a sus descendientes y a los de su cónyuge siempre que no estén separados de derecho, sean menores de veintiún años o mayores de dicha edad dependientes.

3. El acceso al empleo público como personal funcionario, se extenderá igualmente a las personas incluidas en el ámbito de aplicación de los Tratados Internacionales celebrados por la Unión

Europea y ratificados por España en los que sea de aplicación la libre circulación de trabajadores, en los términos establecidos en el apartado 1 de este artículo.

4. Los extranjeros a los que se refieren los apartados anteriores, así como los extranjeros con residencia legal en España podrán acceder a las Administraciones Públicas, como personal laboral, en igualdad de condiciones que los españoles.

5. Sólo por ley de las Cortes Generales o de las asambleas legislativas de las comunidades autónomas podrá eximirse del requisito de la nacionalidad por razones de interés general para el acceso a la condición de personal funcionario.

Artículo 58. Acceso al empleo público de funcionarios españoles de Organismos Internacionales.

Las Administraciones Públicas establecerán los requisitos y condiciones para el acceso a las mismas de funcionarios de nacionalidad española de Organismos Internacionales, siempre que posean la titulación requerida y superen los correspondientes procesos selectivos. Podrán quedar exentos de la realización de aquellas pruebas que tengan por objeto acreditar conocimientos ya exigidos para el desempeño de su puesto en el organismo internacional correspondiente.

Artículo 59. Personas con discapacidad.

1. En las ofertas de empleo público se reservará un cupo no inferior al siete por ciento de las vacantes para ser cubiertas entre personas con discapacidad, considerando como tales las definidas en el apartado 2 del artículo 4 del texto refundido de la Ley General de derechos de las personas con discapacidad y de su inclusión social, aprobado por el Real Decreto Legislativo 1/2013, de 29 de noviembre, siempre que superen los procesos selectivos y acrediten su discapacidad y la compatibilidad con el desempeño de las tareas, de modo que progresivamente se alcance el dos por ciento de los efectivos totales en cada Administración Pública.

La reserva del mínimo del siete por ciento se realizará de manera que, al menos, el dos por ciento de las plazas ofertadas lo sea para ser cubiertas por personas que acrediten discapacidad intelectual y el resto de las plazas ofertadas lo sea para personas que acrediten cualquier otro tipo de discapacidad.

2. Cada Administración Pública adoptará las medidas precisas para establecer las adaptaciones y ajustes razonables de tiempos y medios en el proceso selectivo y, una vez superado dicho proceso, las adaptaciones en el puesto de trabajo a las necesidades de las personas

con discapacidad.

Artículo 60. Órganos de selección.

1. Los órganos de selección serán colegiados y su composición deberá ajustarse a los principios de imparcialidad y profesionalidad de sus miembros, y se tenderá, asimismo, a la paridad entre mujer y hombre.

2. El personal de elección o de designación política, los funcionarios interinos y el personal eventual no podrán formar parte de los órganos de selección.

3. La pertenencia a los órganos de selección será siempre a título individual, no pudiendo ostentarse ésta en representación o por cuenta de nadie.

Artículo 61. Sistemas selectivos.

1. Los procesos selectivos tendrán carácter abierto y garantizarán la libre concurrencia, sin perjuicio de lo establecido para la promoción interna y de las medidas de discriminación positiva previstas en este Estatuto.

Los órganos de selección velarán por el cumplimiento del principio de igualdad de oportunidades entre sexos.

2. Los procedimientos de selección cuidarán especialmente la conexión entre el tipo de pruebas a superar y la adecuación al desempeño de las tareas de los puestos de trabajo convocados, incluyendo, en su caso, las pruebas prácticas que sean precisas.

Las pruebas podrán consistir en la comprobación de los conocimientos y la capacidad analítica de los aspirantes, expresados de forma oral o escrita, en la realización de ejercicios que demuestren la posesión de habilidades y destrezas, en la comprobación del dominio de lenguas extranjeras y, en su caso, en la superación de pruebas físicas.

3. Los procesos selectivos que incluyan, además de las preceptivas pruebas de capacidad, la valoración de méritos de los aspirantes sólo podrán otorgar a dicha valoración una puntuación proporcionada que no determinará, en ningún caso, por sí misma el resultado del proceso selectivo.

4. Las Administraciones Públicas podrán crear órganos especializados y permanentes para la organización de procesos selectivos, pudiéndose encomendar estas funciones a los Institutos o Escuelas de Administración Pública.

5. Para asegurar la objetividad y la racionalidad de los procesos selectivos, las pruebas podrán completarse con la superación de

cursos, de periodos de prácticas, con la exposición curricular por los candidatos, con pruebas psicotécnicas o con la realización de entrevistas. Igualmente podrán exigirse reconocimientos médicos.

6. Los sistemas selectivos de funcionarios de carrera serán los de oposición y concurso-oposición que deberán incluir, en todo caso, una o varias pruebas para determinar la capacidad de los aspirantes y establecer el orden de prelación.

Sólo en virtud de ley podrá aplicarse, con carácter excepcional, el sistema de concurso que consistirá únicamente en la valoración de méritos.

7. Los sistemas selectivos de personal laboral fijo serán los de oposición, concurso-oposición, con las características establecidas en el apartado anterior, o concurso de valoración de méritos.

Las Administraciones Públicas podrán negociar las formas de colaboración que en el marco de los convenios colectivos fijen la actuación de las organizaciones sindicales en el desarrollo de los procesos selectivos.

8. Los órganos de selección no podrán proponer el acceso a la condición de funcionario de un número superior de aprobados al de plazas convocadas, excepto cuando así lo prevea la propia convocatoria.

No obstante lo anterior, siempre que los órganos de selección hayan propuesto el nombramiento de igual número de aspirantes que el de plazas convocadas, y con el fin de asegurar la cobertura de las mismas, cuando se produzcan renuncias de los aspirantes seleccionados, antes de su nombramiento o toma de posesión, el órgano convocante podrá requerir del órgano de selección relación complementaria de los aspirantes que sigan a los propuestos, para su posible nombramiento como funcionarios de carrera.

Artículo 62. Adquisición de la condición de funcionario de carrera.

1. La condición de funcionario de carrera se adquiere por el cumplimiento sucesivo de los siguientes requisitos:

a) Superación del proceso selectivo.

b) Nombramiento por el órgano o autoridad competente, que será publicado en el Diario Oficial correspondiente.

c) Acto de acatamiento de la Constitución y, en su caso, del Estatuto de Autonomía correspondiente y del resto del Ordenamiento Jurídico.

d) Toma de posesión dentro del plazo que se establezca.

2. A efectos de lo dispuesto en el apartado 1.b) anterior, no

podrán ser funcionarios y quedarán sin efecto las actuaciones relativas a quienes no acrediten, una vez superado el proceso selectivo, que reúnen los requisitos y condiciones exigidos en la convocatoria.

CAPÍTULO II

Pérdida de la relación de servicio

Artículo 63. Causas de pérdida de la condición de funcionario de carrera.

Son causas de pérdida de la condición de funcionario de carrera:

a) La renuncia a la condición de funcionario.

b) La pérdida de la nacionalidad.

c) La jubilación total del funcionario.

d) La sanción disciplinaria de separación del servicio que tuviere carácter firme.

e) La pena principal o accesoria de inhabilitación absoluta o especial para cargo público que tuviere carácter firme.

Artículo 64. Renuncia.

1. La renuncia voluntaria a la condición de funcionario habrá de ser manifestada por escrito y será aceptada expresamente por la Administración, salvo lo dispuesto en el apartado siguiente.

2. No podrá ser aceptada la renuncia cuando el funcionario esté sujeto a expediente disciplinario o haya sido dictado en su contra auto de procesamiento o de apertura de juicio oral por la comisión de algún delito.

3. La renuncia a la condición de funcionario no inhabilita para ingresar de nuevo en la Administración Pública a través del procedimiento de selección establecido.

Artículo 65. Pérdida de la nacionalidad.

La pérdida de la nacionalidad española o la de cualquier otro Estado miembro de la Unión Europea o la de aquellos Estados a los que, en virtud de tratados internacionales celebrados por la Unión Europea y ratificados por España, les sea de aplicación la libre circulación de trabajadores, que haya sido tenida en cuenta para el nombramiento, determinará la pérdida de la condición de funcionario salvo que simultáneamente se adquiera la nacionalidad de alguno de dichos Estados.

Artículo 66. Pena principal o accesoria de inhabilitación absoluta o especial para cargo público.

La pena principal o accesoria de inhabilitación absoluta cuando hubiere adquirido firmeza la sentencia que la imponga produce la pérdida de la condición de funcionario respecto a todos los empleos o cargos que tuviere.

La pena principal o accesoria de inhabilitación especial cuando hubiere adquirido firmeza la sentencia que la imponga produce la pérdida de la condición de funcionario respecto de aquellos empleos o cargos especificados en la sentencia.

Artículo 67. Jubilación.

1. La jubilación de los funcionarios podrá ser:

a) Voluntaria, a solicitud del funcionario.

b) Forzosa, al cumplir la edad legalmente establecida.

c) Por la declaración de incapacidad permanente para el ejercicio de las funciones propias de su cuerpo o escala, o por el reconocimiento de una pensión de incapacidad permanente absoluta o, incapacidad permanente total en relación con el ejercicio de las funciones de su cuerpo o escala.

2. Procederá la jubilación voluntaria, a solicitud del interesado, siempre que el funcionario reúna los requisitos y condiciones establecidos en el Régimen de Seguridad Social que le sea aplicable.

3. La jubilación forzosa se declarará de oficio al cumplir el funcionario los sesenta y cinco años de edad.

No obstante, en los términos de las leyes de Función Pública que se dicten en desarrollo de este Estatuto, se podrá solicitar la prolongación de la permanencia en el servicio activo como máximo hasta que se cumpla setenta años de edad. La Administración Pública competente deberá de resolver de forma motivada la aceptación o denegación de la prolongación.

De lo dispuesto en los dos párrafos anteriores quedarán excluidos los funcionarios que tengan normas estatales específicas de jubilación.

4. Con independencia de la edad legal de jubilación forzosa establecida en el apartado 3, la edad de la jubilación forzosa del personal funcionario incluido en el Régimen General de la Seguridad Social será, en todo caso, la que prevean las normas reguladoras de dicho régimen para el acceso a la pensión de jubilación en su modalidad contributiva sin coeficiente reductor por razón de la edad.

Artículo 68. Rehabilitación de la condición de funcionario.

1. En caso de extinción de la relación de servicios como consecuencia de pérdida de la nacionalidad o jubilación por incapacidad permanente para el servicio, el interesado, una vez desaparecida la causa objetiva que la motivó, podrá solicitar la rehabilitación de su condición de funcionario, que le será concedida.

2. Los órganos de gobierno de las Administraciones Públicas podrán conceder, con carácter excepcional, la rehabilitación, a petición del interesado, de quien hubiera perdido la condición de funcionario por haber sido condenado a la pena principal o accesoria de inhabilitación, atendiendo a las circunstancias y entidad del delito cometido. Si transcurrido el plazo para dictar la resolución, no se hubiera producido de forma expresa, se entenderá desestimada la solicitud.

TÍTULO V

Ordenación de la actividad profesional

CAPÍTULO I

Planificación de recursos humanos

Artículo 69. Objetivos e instrumentos de la planificación.

1. La planificación de los recursos humanos en las Administraciones Públicas tendrá como objetivo contribuir a la consecución de la eficacia en la prestación de los servicios y de la eficiencia en la utilización de los recursos económicos disponibles mediante la dimensión adecuada de sus efectivos, su mejor distribución, formación, promoción profesional y movilidad.

2. Las Administraciones Públicas podrán aprobar Planes para la ordenación de sus recursos humanos, que incluyan, entre otras, algunas de las siguientes medidas:

a) Análisis de las disponibilidades y necesidades de personal, tanto desde el punto de vista del número de efectivos, como del de los perfiles profesionales o niveles de cualificación de los mismos.

b) Previsiones sobre los sistemas de organización del trabajo y modificaciones de estructuras de puestos de trabajo.

c) Medidas de movilidad, entre las cuales podrá figurar la suspensión de incorporaciones de personal externo a un determinado ámbito o la convocatoria de concursos de provisión de puestos limitados a personal de ámbitos que se determinen.

d) Medidas de promoción interna y de formación del personal y de movilidad forzosa de conformidad con lo dispuesto en el capítulo

III del presente título de este Estatuto.

e) La previsión de la incorporación de recursos humanos a través de la Oferta de empleo público, de acuerdo con lo establecido en el artículo siguiente.

3. Cada Administración Pública planificará sus recursos humanos de acuerdo con los sistemas que establezcan las normas que les sean de aplicación.

Artículo 70. Oferta de empleo público.

1. Las necesidades de recursos humanos, con asignación presupuestaria, que deban proveerse mediante la incorporación de personal de nuevo ingreso serán objeto de la Oferta de empleo público, o a través de otro instrumento similar de gestión de la provisión de las necesidades de personal, lo que comportará la obligación de convocar los correspondientes procesos selectivos para las plazas comprometidas y hasta un diez por cien adicional, fijando el plazo máximo para la convocatoria de los mismos. En todo caso, la ejecución de la oferta de empleo público o instrumento similar deberá desarrollarse dentro del plazo improrrogable de tres años.

2. La Oferta de empleo público o instrumento similar, que se aprobará anualmente por los órganos de Gobierno de las Administraciones Públicas, deberá ser publicada en el Diario oficial correspondiente.

3. La Oferta de empleo público o instrumento similar podrá contener medidas derivadas de la planificación de recursos humanos.

Artículo 71. Registros de personal y Gestión integrada de recursos humanos.

1. Cada Administración Pública constituirá un Registro en el que se inscribirán los datos relativos al personal contemplado en los artículos 2 y 5 del presente Estatuto y que tendrá en cuenta las peculiaridades de determinados colectivos.

2. Los Registros podrán disponer también de la información agregada sobre los restantes recursos humanos de su respectivo sector público.

3. Mediante convenio de Conferencia Sectorial se establecerán los contenidos mínimos comunes de los Registros de personal y los criterios que permitan el intercambio homogéneo de la información entre Administraciones, con respeto a lo establecido en la legislación de protección de datos de carácter personal.

4. Las Administraciones Públicas impulsarán la gestión integrada de recursos humanos.

5. Cuando las Entidades Locales no cuenten con la suficiente capacidad financiera o técnica, la Administración General del Estado y las Comunidades Autónomas cooperarán con aquéllas a los efectos contemplados en este artículo.

CAPÍTULO II

Estructuración del empleo público

Artículo 72. Estructuración de los recursos humanos.

En el marco de sus competencias de autoorganización, las Administraciones Públicas estructuran sus recursos humanos de acuerdo con las normas que regulan la selección, la promoción profesional, la movilidad y la distribución de funciones y conforme a lo previsto en este capítulo.

Artículo 73. Desempeño y agrupación de puestos de trabajo.

1. Los empleados públicos tienen derecho al desempeño de un puesto de trabajo de acuerdo con el sistema de estructuración del empleo público que establezcan las leyes de desarrollo del presente Estatuto.

2. Las Administraciones Públicas podrán asignar a su personal funciones, tareas o responsabilidades distintas a las correspondientes al puesto de trabajo que desempeñen siempre que resulten adecuadas a su clasificación, grado o categoría, cuando las necesidades del servicio lo justifiquen sin merma en las retribuciones.

3. Los puestos de trabajo podrán agruparse en función de sus características para ordenar la selección, la formación y la movilidad.

Artículo 74. Ordenación de los puestos de trabajo.

Las Administraciones Públicas estructurarán su organización a través de relaciones de puestos de trabajo u otros instrumentos organizativos similares que comprenderán, al menos, la denominación de los puestos, los grupos de clasificación profesional, los cuerpos o escalas, en su caso, a que estén adscritos, los sistemas de provisión y las retribuciones complementarias. Dichos instrumentos serán públicos.

Artículo 75. Cuerpos y escalas.

1. Los funcionarios se agrupan en cuerpos, escalas, especialidades u otros sistemas que incorporen competencias, capacidades y conocimientos comunes acreditados a través de un proceso selectivo.

2. Los cuerpos y escalas de funcionarios se crean, modifican y suprimen por ley de las Cortes Generales o de las asambleas legislativas de las comunidades autónomas.

3. Cuando en esta ley se hace referencia a cuerpos y escalas se entenderá comprendida igualmente cualquier otra agrupación de funcionarios.

Artículo 76. Grupos de clasificación profesional del personal funcionario de carrera.

Los cuerpos y escalas se clasifican, de acuerdo con la titulación exigida para el acceso a los mismos, en los siguientes grupos:

Grupo A: Dividido en dos Subgrupos, A1 y A2.

Para el acceso a los cuerpos o escalas de este Grupo se exigirá estar en posesión del título universitario de Grado. En aquellos supuestos en los que la ley exija otro título universitario será éste el que se tenga en cuenta.

La clasificación de los cuerpos y escalas en cada Subgrupo estará en función del nivel de responsabilidad de las funciones a desempeñar y de las características de las pruebas de acceso.

Grupo B. Para el acceso a los cuerpos o escalas del Grupo B se exigirá estar en posesión del título de Técnico Superior.

Grupo C. Dividido en dos Subgrupos, C1 y C2, según la titulación exigida para el ingreso.

C1: Título de Bachiller o Técnico.

C2: Título de Graduado en Educación Secundaria Obligatoria.

Artículo 77. Clasificación del personal laboral.

El personal laboral se clasificará de conformidad con la legislación laboral.

CAPÍTULO III

Provisión de puestos de trabajo y movilidad

Artículo 78. Principios y procedimientos de provisión de puestos de trabajo del personal funcionario de carrera.

1. Las Administraciones Públicas proveerán los puestos de trabajo mediante procedimientos basados en los principios de igualdad, mérito, capacidad y publicidad.

2. La provisión de puestos de trabajo en cada Administración Pública se llevará a cabo por los procedimientos de concurso y de libre designación con convocatoria pública.

3. Las leyes de Función Pública que se dicten en desarrollo del presente Estatuto podrán establecer otros procedimientos de provisión en los supuestos de movilidad a que se refiere el artículo 81.2, permutas entre puestos de trabajo, movilidad por motivos de salud o rehabilitación del funcionario, reingreso al servicio activo, cese o remoción en los puestos de trabajo y supresión de los mismos.

Artículo 79. Concurso de provisión de los puestos de trabajo del personal funcionario de carrera.

1. El concurso, como procedimiento normal de provisión de puestos de trabajo, consistirá en la valoración de los méritos y capacidades y, en su caso, aptitudes de los candidatos por órganos colegiados de carácter técnico. La composición de estos órganos responderá al principio de profesionalidad y especialización de sus miembros y se adecuará al criterio de paridad entre mujer y hombre. Su funcionamiento se ajustará a las reglas de imparcialidad y objetividad.

2. Las leyes de Función Pública que se dicten en desarrollo del presente Estatuto establecerán el plazo mínimo de ocupación de los puestos obtenidos por concurso para poder participar en otros concursos de provisión de puestos de trabajo.

3. En las convocatorias de concursos podrá establecerse una puntuación que, como máximo, podrá alcanzar la que se determine en las mismas para la antigüedad, para quienes tengan la condición de víctima del terrorismo o de amenazados, en los términos fijados en el artículo 35 de la Ley 29/2011, de 22 de septiembre, de Reconocimiento y Protección Integral a las Víctimas del Terrorismo, siempre que se acredite que la obtención del puesto sea preciso para la consecución de los fines de protección y asistencia social integral de estas personas.

Para la acreditación de estos extremos, reglamentariamente se determinarán los órganos competentes para la emisión de los correspondientes informes. En todo caso, cuando se trate de garantizar la protección de las víctimas será preciso el informe del Ministerio del Interior.

4. En el caso de supresión o remoción de los puestos obtenidos por concurso se deberá asignar un puesto de trabajo conforme al sistema de carrera profesional propio de cada Administración Pública y con las garantías inherentes de dicho sistema.

Artículo 80. Libre designación con convocatoria pública del personal funcionario de carrera.

1. La libre designación con convocatoria pública consiste en la

apreciación discrecional por el órgano competente de la idoneidad de los candidatos en relación con los requisitos exigidos para el desempeño del puesto.

2. Las leyes de Función Pública que se dicten en desarrollo del presente Estatuto establecerán los criterios para determinar los puestos que por su especial responsabilidad y confianza puedan cubrirse por el procedimiento de libre designación con convocatoria pública.

3. El órgano competente para el nombramiento podrá recabar la intervención de especialistas que permitan apreciar la idoneidad de los candidatos.

4. Los titulares de los puestos de trabajo provistos por el procedimiento de libre designación con convocatoria pública podrán ser cesados discrecionalmente. En caso de cese, se les deberá asignar un puesto de trabajo conforme al sistema de carrera profesional propio de cada Administración Pública y con las garantías inherentes de dicho sistema.

Artículo 81. Movilidad del personal funcionario de carrera.

1. Cada Administración Pública, en el marco de la planificación general de sus recursos humanos, y sin perjuicio del derecho de los funcionarios a la movilidad podrá establecer reglas para la ordenación de la movilidad voluntaria de los funcionarios públicos cuando considere que existen sectores prioritarios de la actividad pública con necesidades específicas de efectivos.

2. Las Administraciones Públicas, de manera motivada, podrán trasladar a sus funcionarios, por necesidades de servicio o funcionales, a unidades, departamentos u organismos públicos o entidades distintos a los de su destino, respetando sus retribuciones, condiciones esenciales de trabajo, modificando, en su caso, la adscripción de los puestos de trabajo de los que sean titulares. Cuando por motivos excepcionales los planes de ordenación de recursos impliquen cambio de lugar de residencia se dará prioridad a la voluntariedad de los traslados. Los funcionarios tendrán derecho a las indemnizaciones establecidas reglamentariamente para los traslados forzosos.

3. En caso de urgente e inaplazable necesidad, los puestos de trabajo podrán proveerse con carácter provisional debiendo procederse a su convocatoria pública dentro del plazo que señalen las normas que sean de aplicación.

Artículo 82. Movilidad por razón de violencia de género y por razón de violencia terrorista.

1. Las mujeres víctimas de violencia de género que se vean obligadas a abandonar el puesto de trabajo en la localidad donde venían prestando sus servicios, para hacer efectiva su protección o el derecho a la asistencia social integral, tendrán derecho al traslado a otro puesto de trabajo propio de su cuerpo, escala o categoría profesional, de análogas características, sin necesidad de que sea vacante de necesaria cobertura. Aun así, en tales supuestos la Administración Pública competente, estará obligada a comunicarle las vacantes ubicadas en la misma localidad o en las localidades que la interesada expresamente solicite.

Este traslado tendrá la consideración de traslado forzoso.

En las actuaciones y procedimientos relacionados con la violencia de género, se protegerá la intimidad de las víctimas, en especial, sus datos personales, los de sus descendientes y las de cualquier persona que esté bajo su guarda o custodia.

2. Para hacer efectivo su derecho a la protección y a la asistencia social integral, los funcionarios que hayan sufrido daños físicos o psíquicos como consecuencia de la actividad terrorista, su cónyuge o persona que haya convivido con análoga relación de afectividad, y los hijos de los heridos y fallecidos, siempre que ostenten la condición de funcionarios y de víctimas del terrorismo de acuerdo con la legislación vigente, así como los funcionarios amenazados en los términos del artículo 5 de la Ley 29/2011, de 22 de septiembre, de Reconocimiento y Protección Integral a las Víctimas del Terrorismo, previo reconocimiento del Ministerio del Interior o de sentencia judicial firme, tendrán derecho al traslado a otro puesto de trabajo propio de su cuerpo, escala o categoría profesional, de análogas características, cuando la vacante sea de necesaria cobertura o, en caso contrario, dentro de la comunidad autónoma. Aun así, en tales supuestos la Administración Pública competente estará obligada a comunicarle las vacantes ubicadas en la misma localidad o en las localidades que el interesado expresamente solicite.

Este traslado tendrá la consideración de traslado forzoso.

En todo caso este derecho podrá ser ejercitado en tanto resulte necesario para la protección y asistencia social integral de la persona a la que se concede, ya sea por razón de las secuelas provocadas por la acción terrorista, ya sea por la amenaza a la que se encuentra sometida, en los términos previstos reglamentariamente.

En las actuaciones y procedimientos relacionados con la violencia terrorista se protegerá la intimidad de las víctimas, en especial, sus datos personales, los de sus descendientes y los de cualquier persona que esté bajo su guarda o custodia.

Artículo 83. Provisión de puestos y movilidad del personal laboral.

La provisión de puestos y movilidad del personal laboral se realizará de conformidad con lo que establezcan los convenios colectivos que sean de aplicación y, en su defecto por el sistema de provisión de puestos y movilidad del personal funcionario de carrera.

Artículo 84. La movilidad voluntaria entre Administraciones Públicas.

1. Con el fin de lograr un mejor aprovechamiento de los recursos humanos, que garantice la eficacia del servicio que se preste a los ciudadanos, la Administración General del Estado y las comunidades autónomas y las entidades locales establecerán medidas de movilidad interadministrativa, preferentemente mediante convenio de Conferencia Sectorial u otros instrumentos de colaboración.

2. La Conferencia Sectorial de Administración Pública podrá aprobar los criterios generales a tener en cuenta para llevar a cabo las homologaciones necesarias para hacer posible la movilidad

3. Los funcionarios de carrera que obtengan destino en otra Administración Pública a través de los procedimientos de movilidad quedarán respecto de su Administración de origen en la situación administrativa de servicio en otras Administraciones Públicas. En los supuestos de remoción o supresión del puesto de trabajo obtenido por concurso, permanecerán en la Administración de destino, que deberá asignarles un puesto de trabajo conforme a los sistemas de carrera y provisión de puestos vigentes en dicha Administración.

En el supuesto de cese del puesto obtenido por libre designación, la Administración de destino, en el plazo máximo de un mes a contar desde el día siguiente al del cese, podrá acordar la adscripción del funcionario a otro puesto de la misma o le comunicará que no va a hacer efectiva dicha adscripción. En todo caso, durante este periodo se entenderá que continúa a todos los efectos en servicio activo en dicha Administración.

Transcurrido el plazo citado sin que se hubiera acordado su adscripción a otro puesto, o recibida la comunicación de que la misma no va a hacerse efectiva, el funcionario deberá solicitar en el plazo máximo de un mes el reingreso al servicio activo en su Administración de origen, la cual deberá asignarle un puesto de trabajo conforme a los sistemas de carrera y provisión de puestos vigentes en dicha Administración, con efectos económicos y administrativos desde la fecha en que se hubiera solicitado el reingreso.

De no solicitarse el reingreso al servicio activo en el plazo indicado será declarado de oficio en situación de excedencia voluntaria por interés particular, con efectos desde el día siguiente a que hubiesen cesado en el servicio activo en la Administración de destino.

TÍTULO VI

Situaciones administrativas

Artículo 85. Situaciones administrativas de los funcionarios de carrera.

1. Los funcionarios de carrera se hallarán en alguna de las siguientes situaciones:

a) Servicio activo.

b) Servicios especiales.

c) Servicio en otras Administraciones Públicas.

d) Excedencia.

e) Suspensión de funciones.

2. Las leyes de Función Pública que se dicten en desarrollo de este Estatuto podrán regular otras situaciones administrativas de los funcionarios de carrera, en los supuestos, en las condiciones y con los efectos que en las mismas se determinen, cuando concurra, entre otras, alguna de las circunstancias siguientes:

a) Cuando por razones organizativas, de reestructuración interna o exceso de personal, resulte una imposibilidad transitoria de asignar un puesto de trabajo o la conveniencia de incentivar la cesación en el servicio activo.

b) Cuando los funcionarios accedan, bien por promoción interna o por otros sistemas de acceso, a otros cuerpos o escalas y no les corresponda quedar en alguna de las situaciones previstas en este Estatuto, y cuando pasen a prestar servicios en organismos o entidades del sector público en régimen distinto al de funcionario de carrera.

Dicha regulación, según la situación administrativa de que se trate, podrá conllevar garantías de índole retributiva o imponer derechos u obligaciones en relación con el reingreso al servicio activo.

Artículo 86. Servicio activo.

1. Se hallarán en situación de servicio activo quienes, conforme a la normativa de función pública dictada en desarrollo del presente Estatuto, presten servicios en su condición de funcionarios públicos

cualquiera que sea la Administración u organismo público o entidad en el que se encuentren destinados y no les corresponda quedar en otra situación.

2. Los funcionarios de carrera en situación de servicio activo gozan de todos los derechos inherentes a su condición de funcionarios y quedan sujetos a los deberes y responsabilidades derivados de la misma. Se regirán por las normas de este Estatuto y por la normativa de función pública de la Administración Pública en que presten servicios.

Artículo 87. Servicios especiales.

1. Los funcionarios de carrera serán declarados en situación de servicios especiales:

a) Cuando sean designados miembros del Gobierno o de los órganos de gobierno de las comunidades autónomas y ciudades de Ceuta y Melilla, miembros de las Instituciones de la Unión Europea o de las organizaciones internacionales, o sean nombrados altos cargos de las citadas Administraciones Públicas o Instituciones.

b) Cuando sean autorizados para realizar una misión por periodo determinado superior a seis meses en organismos internacionales, gobiernos o entidades públicas extranjeras o en programas de cooperación internacional.

c) Cuando sean nombrados para desempeñar puestos o cargos en organismos públicos o entidades, dependientes o vinculados a las Administraciones Públicas que, de conformidad con lo que establezca la respectiva Administración Pública, estén asimilados en su rango administrativo a altos cargos.

d) Cuando sean adscritos a los servicios del Tribunal Constitucional o del Defensor del Pueblo o destinados al Tribunal de Cuentas en los términos previstos en el artículo 93.3 de la Ley 7/1988, de 5 de abril, de Funcionamiento del Tribunal de Cuentas.

e) Cuando accedan a la condición de Diputado o Senador de las Cortes Generales o miembros de las asambleas legislativas de las comunidades autónomas si perciben retribuciones periódicas por la realización de la función. Aquellos que pierdan dicha condición por disolución de las correspondientes cámaras o terminación del mandato de las mismas podrán permanecer en la situación de servicios especiales hasta su nueva constitución.

f) Cuando se desempeñen cargos electivos retribuidos y de dedicación exclusiva en las Asambleas de las ciudades de Ceuta y Melilla y en las entidades locales, cuando se desempeñen responsabilidades de órganos superiores y directivos municipales y cuando se desempeñen responsabilidades de miembros de los órganos locales para el conocimiento y la resolución de las reclamaciones económico-administrativas.

g) Cuando sean designados para formar parte del Consejo General del Poder Judicial o de los consejos de justicia de las comunidades autónomas.

h) Cuando sean elegidos o designados para formar parte de los Órganos Constitucionales o de los órganos estatutarios de las comunidades autónomas u otros cuya elección corresponda al Congreso de los Diputados, al Senado o a las asambleas legislativas de las comunidades autónomas.

i) Cuando sean designados como personal eventual por ocupar puestos de trabajo con funciones expresamente calificadas como de confianza o asesoramiento político y no opten por permanecer en la situación de servicio activo.

j) Cuando adquieran la condición de funcionarios al servicio de organizaciones internacionales.

k) Cuando sean designados asesores de los grupos parlamentarios de las Cortes Generales o de las asambleas legislativas de las comunidades autónomas.

l) Cuando sean activados como reservistas voluntarios para prestar servicios en las Fuerzas Armadas.

2. Quienes se encuentren en situación de servicios especiales percibirán las retribuciones del puesto o cargo que desempeñen y no las que les correspondan como funcionarios de carrera, sin perjuicio del derecho a percibir los trienios que tengan reconocidos en cada momento. El tiempo que permanezcan en tal situación se les computará a efectos de ascensos, reconocimiento de trienios, promoción interna y derechos en el régimen de Seguridad Social que les sea de aplicación. No será de aplicación a los funcionarios públicos que, habiendo ingresado al servicio de las instituciones comunitarias europeas, o al de entidades y organismos asimilados, ejerciten el derecho de transferencia establecido en el estatuto de los funcionarios de las Comunidades Europeas.

3. Quienes se encuentren en situación de servicios especiales tendrán derecho, al menos, a reingresar al servicio activo en la misma localidad, en las condiciones y con las retribuciones correspondientes a la categoría, nivel o escalón de la carrera consolidados, de acuerdo con el sistema de carrera administrativa vigente en la Administración Pública a la que pertenezcan. Tendrán, asimismo, los derechos que cada Administración Pública pueda establecer en función del cargo que haya originado el pase a la mencionada situación. En este sentido, las Administraciones Públicas velarán para que no haya menoscabo en el derecho a la carrera profesional de los funcionarios públicos que

hayan sido nombrados altos cargos, miembros del Poder Judicial o de otros órganos constitucionales o estatutarios o que hayan sido elegidos alcaldes, retribuidos y con dedicación exclusiva, presidentes de diputaciones o de cabildos o consejos insulares, Diputados o Senadores de las Cortes Generales y miembros de las asambleas legislativas de las comunidades autónomas. Como mínimo, estos funcionarios recibirán el mismo tratamiento en la consolidación del grado y conjunto de complementos que el que se establezca para quienes hayan sido directores generales y otros cargos superiores de la correspondiente Administración Pública.

4. La declaración de esta situación procederá en todo caso, en los supuestos que se determinen en el presente Estatuto y en las leyes de Función Pública que se dicten en desarrollo del mismo.

Artículo 88. Servicio en otras Administraciones Públicas.

1. Los funcionarios de carrera que, en virtud de los procesos de transferencias o por los procedimientos de provisión de puestos de trabajo, obtengan destino en una Administración Pública distinta, serán declarados en la situación de servicio en otras Administraciones Públicas. Se mantendrán en esa situación en el caso de que por disposición legal de la Administración a la que acceden se integren como personal propio de ésta.

2. Los funcionarios transferidos a las comunidades autónomas se integran plenamente en la organización de la Función Pública de las mismas, hallándose en la situación de servicio activo en la Función Pública de la comunidad autónoma en la que se integran.

Las comunidades autónomas al proceder a esta integración de los funcionarios transferidos como funcionarios propios, respetarán el Grupo o Subgrupo del cuerpo o escala de procedencia, así como los derechos económicos inherentes a la posición en la carrera que tuviesen reconocido.

Los funcionarios transferidos mantienen todos sus derechos en la Administración Pública de origen como si se hallaran en servicio activo de acuerdo con lo establecido en los respectivos Estatutos de Autonomía.

Se reconoce la igualdad entre todos los funcionarios propios de las comunidades autónomas con independencia de su Administración de procedencia.

3. Los funcionarios de carrera en la situación de servicio en otras Administraciones Públicas que se encuentren en dicha situación por haber obtenido un puesto de trabajo mediante los sistemas de provisión previstos en este Estatuto, se rigen por la legislación de la Administración en la que estén destinados de forma efectiva y

conservan su condición de funcionario de la Administración de origen y el derecho a participar en las convocatorias para la provisión de puestos de trabajo que se efectúen por esta última. El tiempo de servicio en la Administración Pública en la que estén destinados se les computará como de servicio activo en su cuerpo o escala de origen.

4. Los funcionarios que reingresen al servicio activo en la Administración de origen, procedentes de la situación de servicio en otras Administraciones Públicas, obtendrán el reconocimiento profesional de los progresos alcanzados en el sistema de carrera profesional y sus efectos sobre la posición retributiva conforme al procedimiento previsto en los convenios de Conferencia Sectorial y demás instrumentos de colaboración que establecen medidas de movilidad interadministrativa, previstos en el artículo 84 del presente Estatuto. En defecto de tales convenios o instrumentos de colaboración, el reconocimiento se realizará por la Administración Pública en la que se produzca el reingreso.

Artículo 89. Excedencia.

1. La excedencia de los funcionarios de carrera podrá adoptar las siguientes modalidades:

a) Excedencia voluntaria por interés particular.

b) Excedencia voluntaria por agrupación familiar.

c) Excedencia por cuidado de familiares.

d) Excedencia por razón de violencia de género.

e) Excedencia por razón de violencia terrorista.

2. Los funcionarios de carrera podrán obtener la excedencia voluntaria por interés particular cuando hayan prestado servicios efectivos en cualquiera de las Administraciones Públicas durante un periodo mínimo de cinco años inmediatamente anteriores.

No obstante, las leyes de Función Pública que se dicten en desarrollo del presente Estatuto podrán establecer una duración menor del periodo de prestación de servicios exigido para que el funcionario de carrera pueda solicitar la excedencia y se determinarán los periodos mínimos de permanencia en la misma.

La concesión de excedencia voluntaria por interés particular quedará subordinada a las necesidades del servicio debidamente motivadas. No podrá declararse cuando al funcionario público se le instruya expediente disciplinario.

Procederá declarar de oficio la excedencia voluntaria por interés particular cuando finalizada la causa que determinó el pase a una situación distinta a la de servicio activo, se incumpla la obligación de solicitar el reingreso al servicio activo en el plazo en que se determine reglamentariamente.

Quienes se encuentren en situación de excedencia por interés particular no devengarán retribuciones, ni les será computable el tiempo que permanezcan en tal situación a efectos de ascensos, trienios y derechos en el régimen de Seguridad Social que les sea de aplicación.

3. Podrá concederse la excedencia voluntaria por agrupación familiar sin el requisito de haber prestado servicios efectivos en cualquiera de las Administraciones Públicas durante el periodo establecido a los funcionarios cuyo cónyuge resida en otra localidad por haber obtenido y estar desempeñando un puesto de trabajo de carácter definitivo como funcionario de carrera o como laboral fijo en cualquiera de las Administraciones Públicas, organismos públicos y entidades de derecho público dependientes o vinculados a ellas, en los Órganos Constitucionales o del Poder Judicial y órganos similares de las comunidades autónomas, así como en la Unión Europea o en organizaciones internacionales.

Quienes se encuentren en situación de excedencia voluntaria por agrupación familiar no devengarán retribuciones, ni les será computable el tiempo que permanezcan en tal situación a efectos de ascensos, trienios y derechos en el régimen de Seguridad Social que les sea de aplicación.

4. Los funcionarios de carrera tendrán derecho a un período de excedencia de duración no superior a tres años para atender al cuidado de cada hijo, tanto cuando lo sea por naturaleza como por adopción, o de cada menor sujeto a guarda con fines de adopción o acogimiento permanente, a contar desde la fecha de nacimiento o, en su caso, de la resolución judicial o administrativa.

También tendrán derecho a un período de excedencia de duración no superior a tres años, para atender al cuidado de un familiar que se encuentre a su cargo, hasta el segundo grado inclusive de consanguinidad o afinidad que por razones de edad, accidente, enfermedad o discapacidad no pueda valerse por sí mismo y no desempeñe actividad retribuida.

El período de excedencia será único por cada sujeto causante. Cuando un nuevo sujeto causante diera origen a una nueva excedencia, el inicio del período de la misma pondrá fin al que se viniera disfrutando.

En el caso de que dos funcionarios generasen el derecho a disfrutarla por el mismo sujeto causante, la Administración podrá limitar su ejercicio simultáneo por razones justificadas relacionadas con el funcionamiento de los servicios.

El tiempo de permanencia en esta situación será computable a efectos de trienios, carrera y derechos en el régimen de Seguridad Social que sea de aplicación. El puesto de trabajo desempeñado se reservará, al menos, durante dos años. Transcurrido este periodo, dicha reserva lo será a un puesto en la misma localidad y de igual retribución.

Los funcionarios en esta situación podrán participar en los cursos de formación que convoque la Administración.

5. Las funcionarias víctimas de violencia de género, para hacer efectiva su protección o su derecho a la asistencia social integral, tendrán derecho a solicitar la situación de excedencia sin tener que haber prestado un tiempo mínimo de servicios previos y sin que sea exigible plazo de permanencia en la misma.

Durante los seis primeros meses tendrán derecho a la reserva del puesto de trabajo que desempeñaran, siendo computable dicho período a efectos de antigüedad, carrera y derechos del régimen de Seguridad Social que sea de aplicación.

Cuando las actuaciones judiciales lo exigieran se podrá prorrogar este periodo por tres meses, con un máximo de dieciocho, con idénticos efectos a los señalados anteriormente, a fin de garantizar la efectividad del derecho de protección de la víctima.

Durante los dos primeros meses de esta excedencia la funcionaria tendrá derecho a percibir las retribuciones íntegras y, en su caso, las prestaciones familiares por hijo a cargo.

6. Los funcionarios que hayan sufrido daños físicos o psíquicos como consecuencia de la actividad terrorista, así como los amenazados en los términos del artículo 5 de la Ley 29/2011, de 22 de septiembre, de Reconocimiento y Protección Integral a las Víctimas del Terrorismo, previo reconocimiento del Ministerio del Interior o de sentencia judicial firme, tendrán derecho a disfrutar de un periodo de excedencia en las mismas condiciones que las víctimas de violencia de género.

Dicha excedencia será autorizada y mantenida en el tiempo en tanto que resulte necesaria para la protección y asistencia social integral de la persona a la que se concede, ya sea por razón de las secuelas provocadas por la acción terrorista, ya sea por la amenaza a la que se encuentra sometida, en los términos previstos reglamentariamente.

Artículo 90. Suspensión de funciones.

1. El funcionario declarado en la situación de suspensión quedará privado durante el tiempo de permanencia en la misma del ejercicio de sus funciones y de todos los derechos inherentes a la condición. La suspensión determinará la pérdida del puesto de

trabajo cuando exceda de seis meses.

2. La suspensión firme se impondrá en virtud de sentencia dictada en causa criminal o en virtud de sanción disciplinaria. La suspensión firme por sanción disciplinaria no podrá exceder de seis años.

3. El funcionario declarado en la situación de suspensión de funciones no podrá prestar servicios en ninguna Administración Pública ni en los organismos públicos, agencias, o entidades de derecho público dependientes o vinculadas a ellas durante el tiempo de cumplimiento de la pena o sanción.

4. Podrá acordarse la suspensión de funciones con carácter provisional con ocasión de la tramitación de un procedimiento judicial o expediente disciplinario, en los términos establecidos en este Estatuto.

Artículo 91. Reingreso al servicio activo.

Reglamentariamente se regularán los plazos, procedimientos y condiciones, según las situaciones administrativas de procedencia, para solicitar el reingreso al servicio activo de los funcionarios de carrera, con respeto al derecho a la reserva del puesto de trabajo en los casos en que proceda conforme al presente Estatuto.

Artículo 92. Situaciones del personal laboral.

El personal laboral se regirá por el Estatuto de los Trabajadores y por los Convenios Colectivos que les sean de aplicación.

Los convenios colectivos podrán determinar la aplicación de este capítulo al personal incluido en su ámbito de aplicación en lo que resulte compatible con el Estatuto de los Trabajadores.

TÍTULO VII

Régimen disciplinario

Artículo 93. Responsabilidad disciplinaria.

1. Los funcionarios públicos y el personal laboral quedan sujetos al régimen disciplinario establecido en el presente título y en las normas que las leyes de Función Pública dicten en desarrollo de este Estatuto.

2. Los funcionarios públicos o el personal laboral que indujeren a otros a la realización de actos o conductas constitutivos de falta disciplinaria incurrirán en la misma responsabilidad que éstos.

3. Igualmente, incurrirán en responsabilidad los funcionarios

públicos o personal laboral que encubrieren las faltas consumadas muy graves o graves, cuando de dichos actos se derive daño grave para la Administración o los ciudadanos.

4. El régimen disciplinario del personal laboral se regirá, en lo no previsto en el presente título, por la legislación laboral.

Artículo 94. Ejercicio de la potestad disciplinaria.

1. Las Administraciones Públicas corregirán disciplinariamente las infracciones del personal a su servicio señalado en el artículo anterior cometidas en el ejercicio de sus funciones y cargos, sin perjuicio de la responsabilidad patrimonial o penal que pudiera derivarse de tales infracciones.

2. La potestad disciplinaria se ejercerá de acuerdo con los siguientes principios:

a) Principio de legalidad y tipicidad de las faltas y sanciones, a través de la predeterminación normativa o, en el caso del personal laboral, de los convenios colectivos.

b) Principio de irretroactividad de las disposiciones sancionadoras no favorables y de retroactividad de las favorables al presunto infractor.

c) Principio de proporcionalidad, aplicable tanto a la clasificación de las infracciones y sanciones como a su aplicación.

d) Principio de culpabilidad.

e) Principio de presunción de inocencia.

3. Cuando de la instrucción de un procedimiento disciplinario resulte la existencia de indicios fundados de criminalidad, se suspenderá su tramitación poniéndolo en conocimiento del Ministerio Fiscal.

Los hechos declarados probados por resoluciones judiciales firmes vinculan a la Administración.

Artículo 95. Faltas disciplinarias.

1. Las faltas disciplinarias pueden ser muy graves, graves y leves.

2. Son faltas muy graves:

a) El incumplimiento del deber de respeto a la Constitución y a los respectivos Estatutos de Autonomía de las comunidades autónomas y ciudades de Ceuta y Melilla, en el ejercicio de la función pública.

b) Toda actuación que suponga discriminación por razón de origen racial o étnico, religión o convicciones, discapacidad, edad u orientación sexual, lengua, opinión, lugar de nacimiento o vecindad, sexo o cualquier otra condición o circunstancia personal o social, así como el acoso por razón de origen racial o étnico, religión o convicciones, discapacidad, edad u orientación sexual y el acoso moral, sexual y por razón de sexo.

c) El abandono del servicio, así como no hacerse cargo voluntariamente de las tareas o funciones que tienen encomendadas.

d) La adopción de acuerdos manifiestamente ilegales que causen perjuicio grave a la Administración o a los ciudadanos.

e) La publicación o utilización indebida de la documentación o información a que tengan o hayan tenido acceso por razón de su cargo o función.

f) La negligencia en la custodia de secretos oficiales, declarados así por Ley o clasificados como tales, que sea causa de su publicación o que provoque su difusión o conocimiento indebido.

g) El notorio incumplimiento de las funciones esenciales inherentes al puesto de trabajo o funciones encomendadas.

h) La violación de la imparcialidad, utilizando las facultades atribuidas para influir en procesos electorales de cualquier naturaleza y ámbito.

i) La desobediencia abierta a las órdenes o instrucciones de un superior, salvo que constituyan infracción manifiesta del Ordenamiento jurídico.

j) La prevalencia de la condición de empleado público para obtener un beneficio indebido para sí o para otro.

k) La obstaculización al ejercicio de las libertades públicas y derechos sindicales.

l) La realización de actos encaminados a coartar el libre ejercicio del derecho de huelga.

m) El incumplimiento de la obligación de atender los servicios esenciales en caso de huelga.

n) El incumplimiento de las normas sobre incompatibilidades cuando ello dé lugar a una situación de incompatibilidad.

ñ) La incomparecencia injustificada en las Comisiones de Investigación de las Cortes Generales y de las asambleas legislativas de las comunidades autónomas.

o) El acoso laboral.

p) También serán faltas muy graves las que queden tipificadas como tales en ley de las Cortes Generales o de la asamblea legislativa de la correspondiente comunidad autónoma o por los convenios colectivos en el caso de personal laboral.

3. Las faltas graves serán establecidas por ley de las Cortes Generales o de la asamblea legislativa de la correspondiente comunidad autónoma o por los convenios colectivos en el caso de

personal laboral, atendiendo a las siguientes circunstancias:

a) El grado en que se haya vulnerado la legalidad.

b) La gravedad de los daños causados al interés público, patrimonio o bienes de la Administración o de los ciudadanos.

c) El descrédito para la imagen pública de la Administración.

4. Las leyes de Función Pública que se dicten en desarrollo del presente Estatuto determinarán el régimen aplicable a las faltas leves, atendiendo a las anteriores circunstancias.

Artículo 96. Sanciones.

1. Por razón de las faltas cometidas podrán imponerse las siguientes sanciones:

a) Separación del servicio de los funcionarios, que en el caso de los funcionarios interinos comportará la revocación de su nombramiento, y que sólo podrá sancionar la comisión de faltas muy graves.

b) Despido disciplinario del personal laboral, que sólo podrá sancionar la comisión de faltas muy graves y comportará la inhabilitación para ser titular de un nuevo contrato de trabajo con funciones similares a las que desempeñaban.

c) Suspensión firme de funciones, o de empleo y sueldo en el caso del personal laboral, con una duración máxima de 6 años.

d) Traslado forzoso, con o sin cambio de localidad de residencia, por el período que en cada caso se establezca.

e) Demérito, que consistirá en la penalización a efectos de carrera, promoción o movilidad voluntaria.

f) Apercibimiento.

g) Cualquier otra que se establezca por ley.

2. Procederá la readmisión del personal laboral fijo cuando sea declarado improcedente el despido acordado como consecuencia de la incoación de un expediente disciplinario por la comisión de una falta muy grave.

3. El alcance de cada sanción se establecerá teniendo en cuenta el grado de intencionalidad, descuido o negligencia que se revele en la conducta, el daño al interés público, la reiteración o reincidencia, así como el grado de participación.

Artículo 97. Prescripción de las faltas y sanciones.

1. Las infracciones muy graves prescribirán a los tres años, las graves a los dos años y las leves a los seis meses; las sanciones impuestas por faltas muy graves prescribirán a los tres años, las impuestas por faltas graves a los dos años y las impuestas por faltas

leves al año.

2. El plazo de prescripción de las faltas comenzará a contarse desde que se hubieran cometido, y desde el cese de su comisión cuando se trate de faltas continuadas.

El de las sanciones, desde la firmeza de la resolución sancionadora.

Artículo 98. Procedimiento disciplinario y medidas provisionales.

1. No podrá imponerse sanción por la comisión de faltas muy graves o graves sino mediante el procedimiento previamente establecido.

La imposición de sanciones por faltas leves se llevará a cabo por procedimiento sumario con audiencia al interesado.

2. El procedimiento disciplinario que se establezca en el desarrollo de este Estatuto se estructurará atendiendo a los principios de eficacia, celeridad y economía procesal, con pleno respeto a los derechos y garantías de defensa del presunto responsable.

En el procedimiento quedará establecida la debida separación entre la fase instructora y la sancionadora, encomendándose a órganos distintos.

3. Cuando así esté previsto en las normas que regulen los procedimientos sancionadores, se podrá adoptar mediante resolución motivada medidas de carácter provisional que aseguren la eficacia de la resolución final que pudiera recaer.

La suspensión provisional como medida cautelar en la tramitación de un expediente disciplinario no podrá exceder de 6 meses, salvo en caso de paralización del procedimiento imputable al interesado. La suspensión provisional podrá acordarse también durante la tramitación de un procedimiento judicial, y se mantendrá por el tiempo a que se extienda la prisión provisional u otras medidas decretadas por el juez que determinen la imposibilidad de desempeñar el puesto de trabajo. En este caso, si la suspensión provisional excediera de seis meses no supondrá pérdida del puesto de trabajo.

El funcionario suspenso provisional tendrá derecho a percibir durante la suspensión las retribuciones básicas y, en su caso, las prestaciones familiares por hijo a cargo.

4. Cuando la suspensión provisional se eleve a definitiva, el funcionario deberá devolver lo percibido durante el tiempo de duración de aquélla. Si la suspensión provisional no llegara a convertirse en sanción definitiva, la Administración deberá restituir al

funcionario la diferencia entre los haberes realmente percibidos y los que hubiera debido percibir si se hubiera encontrado con plenitud de derechos.

El tiempo de permanencia en suspensión provisional será de abono para el cumplimiento de la suspensión firme.

Cuando la suspensión no sea declarada firme, el tiempo de duración de la misma se computará como de servicio activo, debiendo acordarse la inmediata reincorporación del funcionario a su puesto de trabajo, con reconocimiento de todos los derechos económicos y demás que procedan desde la fecha de suspensión.

TÍTULO VIII

Cooperación entre las Administraciones Públicas

Artículo 99. Relaciones de cooperación entre las Administraciones Públicas.

Las Administraciones Públicas actuarán y se relacionarán entre sí en las materias objeto de este Estatuto de acuerdo con los principios de cooperación y colaboración, respetando, en todo caso, el ejercicio legítimo por las otras Administraciones de sus competencias.

Artículo 100. Órganos de cooperación.

1. La Conferencia Sectorial de Administración Pública, como órgano de cooperación en materia de administración pública de la Administración General del Estado, de las Administraciones de las comunidades autónomas, de las ciudades de Ceuta y Melilla, y de la Administración Local, cuyos representantes serán designados por la Federación Española de Municipios y Provincias, como asociación de entidades locales de ámbito estatal con mayor implantación, sin perjuicio de la competencia de otras Conferencias Sectoriales u órganos equivalentes, atenderá en su funcionamiento y organización a lo establecido en la vigente legislación sobre régimen jurídico de las Administraciones Públicas.

2. Se crea la Comisión de Coordinación del Empleo Público como órgano técnico y de trabajo dependiente de la Conferencia Sectorial de Administración Pública. En esta Comisión se hará efectiva la coordinación de la política de personal entre la Administración General del Estado, las Administraciones de las comunidades autónomas y de las ciudades de Ceuta y Melilla, y las entidades locales y en concreto le corresponde:

a) Impulsar las actuaciones necesarias para garantizar la efectividad de los principios constitucionales en el acceso al empleo público.

b) Estudiar y analizar los proyectos de legislación básica en materia de empleo público, así como emitir informe sobre cualquier otro proyecto normativo que las Administraciones Públicas le presenten.

c) Elaborar estudios e informes sobre el empleo público. Dichos estudios e informes se remitirán a las organizaciones sindicales presentes en la Mesa General de Negociación de las Administraciones Públicas.

3. Componen la Comisión de Coordinación del Empleo Público los titulares de aquellos órganos directivos de la política de recursos humanos de la Administración General del Estado, de las Administraciones de las comunidades autónomas y de las ciudades de Ceuta y Melilla, y los representantes de la Administración Local designados por la Federación Española de Municipios y Provincias, como asociación de entidades locales de ámbito estatal con mayor implantación, en los términos que se determinen reglamentariamente, previa consulta con las comunidades autónomas.

4. La Comisión de Coordinación del Empleo Público elaborará sus propias normas de organización y funcionamiento.

Disposición adicional primera. Ámbito específico de aplicación.

Los principios contenidos en los artículos 52, 53, 54, 55 y 59 serán de aplicación en las entidades del sector público estatal, autonómico y local, que no estén incluidas en el artículo 2 del presente Estatuto y que estén definidas así en su normativa específica.

Disposición adicional segunda. Aplicación de las disposiciones de este Estatuto a las Instituciones Forales.

1. El presente Estatuto se aplicará a la Comunidad Foral de Navarra en los términos establecidos en el artículo 149.1.18.ª y disposición adicional primera de la Constitución, y en la Ley Orgánica 13/1982, de 10 de agosto, de Reintegración y Amejoramiento del Régimen Foral de Navarra.

2. En el ámbito de la Comunidad Autónoma del País Vasco el presente Estatuto se aplicará de conformidad con la disposición adicional primera de la Constitución, con el artículo 149.1.18.ª de la Constitución y con la Ley Orgánica 3/1979, de 18 de diciembre, por la que se aprueba el Estatuto de Autonomía para el País Vasco. Las facultades previstas en el artículo 92 bis de la Ley 7/1985, de 7 de abril, respecto a los funcionarios con habilitación de carácter nacional

serán ostentadas por las Instituciones Forales de sus territorios históricos o por las Instituciones Comunes de la Comunidad Autónoma, en los términos que establezca la normativa autonómica.

Disposición adicional tercera. Funcionarios públicos propios de las ciudades de Ceuta y Melilla.

1. Los funcionarios públicos propios de las administraciones de las ciudades de Ceuta y Melilla se rigen por lo dispuesto en este Estatuto, por las normas de carácter reglamentario que en su desarrollo puedan aprobar sus Asambleas en el marco de sus estatutos respectivos, por las normas que en su desarrollo pueda dictar el Estado y por la Ley de Función Pública de la Administración General del Estado.

2. En el marco de lo previsto en el número anterior, las Asambleas de Ceuta y Melilla tendrán, además, las siguientes funciones:

a) El establecimiento, modificación y supresión de Escalas, Subescalas y clases de funcionarios, y la clasificación de los mismos.

b) La aprobación de las plantillas y relaciones de puestos de trabajo.

c) La regulación del procedimiento de provisión de puestos directivos así como su régimen de permanencia y cese.

d) La determinación de las faltas y sanciones disciplinarias leves.

3. Los funcionarios transferidos se regirán por la Ley de Función Pública de la Administración General del Estado y sus normas de desarrollo. No obstante, podrán integrarse como funcionarios propios de la ciudad a la que hayan sido transferidos quedando en la situación administrativa de servicio en otras administraciones públicas.

Disposición adicional cuarta. Aplicación de este Estatuto a las autoridades administrativas independientes de ámbito estatal.

Lo establecido en el presente Estatuto se aplicará a las autoridades administrativas independientes del ámbito estatal, Entidades de Derecho Público reguladas en los artículos 109 y 110 de la Ley 40/2015, de 1 de octubre, de Régimen Jurídico del Sector Público, en la forma prevista en sus leyes de creación.

Disposición adicional quinta. Jubilación de los funcionarios.

El Gobierno presentará en el Congreso de los Diputados un estudio sobre los distintos regímenes de acceso a la jubilación de los funcionarios que contenga, entre otros aspectos, recomendaciones para asegurar la no discriminación entre colectivos con características similares y la conveniencia de ampliar la posibilidad de acceder a la jubilación anticipada de determinados colectivos.

Disposición adicional sexta. Otras agrupaciones profesionales sin requisito de titulación.

1. Además de los Grupos clasificatorios establecidos en el artículo 76 del presente Estatuto, las Administraciones Públicas podrán establecer otras agrupaciones diferentes de las enunciadas anteriormente, para cuyo acceso no se exija estar en posesión de ninguna de las titulaciones previstas en el sistema educativo.

2. Los funcionarios que pertenezcan a estas agrupaciones cuando reúnan la titulación exigida podrán promocionar de acuerdo con lo establecido en el artículo 18 de este Estatuto.

Disposición adicional séptima. Planes de igualdad.

1. Las Administraciones Públicas están obligadas a respetar la igualdad de trato y de oportunidades en el ámbito laboral y, con esta finalidad, deberán adoptar medidas dirigidas a evitar cualquier tipo de discriminación laboral entre mujeres y hombres.

2. Sin perjuicio de lo dispuesto en el apartado anterior, las Administraciones Públicas deberán elaborar y aplicar un plan de igualdad a desarrollar en el convenio colectivo o acuerdo de condiciones de trabajo del personal funcionario que sea aplicable, en los términos previstos en el mismo.

Disposición adicional octava.

Los funcionarios de carrera tendrán garantizados los derechos económicos alcanzados o reconocidos en el marco de los sistemas de carrera profesional establecidos por las leyes de cada Administración Pública.

Disposición adicional novena.

La carrera profesional de los funcionarios de carrera se iniciará en el grado, nivel, categoría, escalón y otros conceptos análogos correspondientes a la plaza inicialmente asignada al funcionario tras la superación del correspondiente proceso selectivo, que tendrán la consideración de mínimos. A partir de aquellos, se producirán los ascensos que procedan según la modalidad de carrera aplicable en cada ámbito.

Disposición adicional décima. Ámbito de aplicación del artículo 87.3.

Al personal contemplado en el artículo 4 de este Estatuto que sea declarado en servicios especiales o en situación administrativa análoga, se le aplicarán los derechos establecidos en el artículo 87.3 del presente Estatuto en la medida en que dicha aplicación resulte compatible con lo establecido en su legislación específica.

Disposición adicional undécima. Personal militar que preste servicios en la Administración civil.

1. El personal militar de carrera podrá prestar servicios en la Administración civil en los términos que establezca cada Administración Pública en aquellos puestos de trabajo en los que se especifique esta posibilidad, y de los que resulten adjudicatarios, de acuerdo con los principios de mérito y capacidad, previa participación en la correspondiente convocatoria pública para la provisión de dichos puestos, y previo cumplimiento de los requisitos que, en su caso, se puedan establecer para este fin por el Ministerio de Defensa.

2. Al personal militar que preste servicios en la Administración civil le será de aplicación la normativa propia de la misma en materia de jornada y horario de trabajo; vacaciones, permisos y licencias; y régimen disciplinario, si bien la sanción de separación del servicio sólo podrá imponerse por el Ministro de Defensa.

No les será de aplicación lo previsto para promoción interna, carrera administrativa, situaciones administrativas y movilidad, sin perjuicio de que puedan participar en los procedimientos de provisión de otros puestos abiertos a este personal en la Administración civil.

Las retribuciones a percibir serán las retribuciones básicas que les correspondan en su condición de militares de carrera, y las complementarias correspondientes al puesto de trabajo desempeñado. Los posibles ascensos que puedan producirse en su carrera militar no conllevarán variación alguna en las condiciones retributivas del puesto desempeñado.

Su régimen de Seguridad Social será el que les corresponda como militares de carrera.

Cuando se produzca el cese, remoción o supresión del puesto de trabajo de la Administración civil que vinieran desempeñando, deberán reincorporarse a la Administración militar en la situación que les corresponda, sin que les sean de aplicación los criterios existentes en estos supuestos para el personal funcionario civil.

Disposición adicional duodécima. Mesas de negociación en ámbitos específicos.

1. Para la negociación de las condiciones de trabajo del personal

funcionario o estatutario de sus respectivos ámbitos, se constituirán las siguientes Mesas de Negociación:

a) Del personal docente no universitario, para las cuestiones que deban ser objeto de negociación comprendidas en el ámbito competencial del Ministerio de Educación, Cultura y Deporte.

b) Del personal de la Administración de Justicia, para las cuestiones que deban ser objeto de negociación comprendidas en el ámbito competencial del Ministerio de Justicia.

c) Del personal estatutario de los servicios de Salud, para las cuestiones que deban ser objeto de negociación comprendidas en el ámbito competencial del Ministerio de Sanidad, Servicios Sociales e Igualdad y que asumirá las competencias y funciones previstas en el artículo 11.4 del Estatuto Marco del personal estatutario de los servicios de salud. Mesa que se denominará «Ámbito de Negociación».

2. Además de la representación de la Administración General del Estado, constituirán estas Mesas de Negociación, las organizaciones sindicales a las que se refiere el párrafo segundo del artículo 33.1 de este Estatuto, cuya representación se distribuirá en función de los resultados obtenidos en las elecciones a los órganos de representación propios del personal en el ámbito específico de la negociación que en cada caso corresponda, considerados a nivel estatal.

Disposición adicional decimotercera. Permiso por asuntos particulares por antigüedad.

Las Administraciones Públicas podrán establecer hasta dos días adicionales de permiso por asuntos particulares al cumplir el sexto trienio, incrementándose, como máximo, en un día adicional por cada trienio cumplido a partir del octavo.

Disposición adicional decimocuarta. Días adicionales de vacaciones por antigüedad.

Cada Administración Pública podrá establecer hasta un máximo de cuatro días adicionales de vacaciones en función del tiempo de servicios prestados por los funcionarios públicos.

Disposición adicional decimoquinta. Registro de Órganos de Representación del Personal.

Las Administraciones Públicas dispondrán de un Registro de Órganos de Representación del Personal al servicio de las mismas y de sus organismos, agencias, universidades y entidades dependientes en el que serán objeto de inscripción o anotación, al menos, los actos adoptados en su ámbito que afecten a la creación, modificación o supresión de órganos de representación del personal funcionario, estatutario o laboral, la creación modificación o supresión de secciones sindicales, los miembros de dichos órganos y delegados sindicales. Así mismo, serán objeto de anotación los créditos horarios, sus cesiones y liberaciones sindicales que deriven de la aplicación de normas o pactos que afecten a la obligación o al régimen de asistencia al trabajo. La creación de dichos registros se ajustará la normativa vigente en materia de protección de datos de carácter personal.

Disposición adicional decimosexta. Permiso retribuido para las funcionarias en estado de gestación.

Cada Administración Pública, en su ámbito, podrá establecer a las funcionarias en estado de gestación, un permiso retribuido, a partir del día primero de la semana 37 de embarazo, hasta la fecha del parto.

En el supuesto de gestación múltiple, este permiso podrá iniciarse el primer día de la semana 35 de embarazo, hasta la fecha de parto.

Disposición transitoria primera. Garantía de derechos retributivos.

1. El desarrollo del presente Estatuto no podrá comportar para el personal incluido en su ámbito de aplicación, la disminución de la cuantía de los derechos económicos y otros complementos retributivos inherentes al sistema de carrera vigente para los mismos en el momento de su entrada en vigor, cualquiera que sea la situación administrativa en que se encuentren.

2. Si el personal incluido en el ámbito de aplicación del presente Estatuto no se encontrase en la situación de servicio activo, se le reconocerán los derechos económicos y complementos retributivos a los que se refiere el apartado anterior a partir del momento en el que se produzca su reingreso al servicio activo.

Disposición transitoria segunda. Personal laboral fijo que desempeña funciones o puestos clasificados como propios de personal funcionario.

El personal laboral fijo que a la entrada en vigor de la Ley 7/2007, de 12 de abril, estuviere desempeñando funciones de personal funcionario, o pasare a desempeñarlos en virtud de pruebas de selección o promoción convocadas antes de dicha fecha, podrá seguir desempeñándolos.

Asimismo, podrá participar en los procesos selectivos de promoción interna convocados por el sistema de concurso-oposición, de forma independiente o conjunta con los procesos selectivos de libre concurrencia, en aquellos Cuerpos y Escalas a los que figuren adscritos las funciones o los puestos que desempeñe, siempre que posea la titulación necesaria y reúna los restantes requisitos exigidos, valorándose a estos efectos como mérito los servicios efectivos prestados como personal laboral fijo y las pruebas selectivas superadas para acceder a esta condición.

Disposición transitoria tercera. Entrada en vigor de la nueva clasificación profesional.

1. Hasta tanto no se generalice la implantación de los nuevos títulos universitarios a que se refiere el artículo 76, para el acceso a la función pública seguirán siendo válidos los títulos universitarios oficiales vigentes a la entrada en vigor de este Estatuto.

2. Transitoriamente, los Grupos de clasificación existentes a la entrada en vigor de la Ley 7/2007, de 12 de abril, se integrarán en los Grupos de clasificación profesional de funcionarios previstos en el artículo 76, de acuerdo con las siguientes equivalencias:

Grupo A: Subgrupo A1.

Grupo B: Subgrupo A2.

Grupo C: Subgrupo C1.

Grupo D: Subgrupo C2.

Grupo E: Agrupaciones Profesionales a que hace referencia la disposición adicional sexta.

3. Los funcionarios del Subgrupo C1 que reúnan la titulación exigida podrán promocionar al Grupo A sin necesidad de pasar por el nuevo Grupo B, de acuerdo con lo establecido en el artículo 18 de este Estatuto.

Disposición transitoria cuarta. Consolidación de empleo temporal.

1. Las Administraciones Públicas podrán efectuar convocatorias de consolidación de empleo a puestos o plazas de carácter estructural correspondientes a sus distintos cuerpos, escalas o categorías, que estén dotados presupuestariamente y se encuentren desempeñados interina o temporalmente con anterioridad a 1 de enero de 2005.

2. Los procesos selectivos garantizarán el cumplimiento de los

principios de igualdad, mérito, capacidad y publicidad.

3. El contenido de las pruebas guardará relación con los procedimientos, tareas y funciones habituales de los puestos objeto de cada convocatoria. En la fase de concurso podrá valorarse, entre otros méritos, el tiempo de servicios prestados en las Administraciones Públicas y la experiencia en los puestos de trabajo objeto de la convocatoria.

Los procesos selectivos se desarrollarán conforme a lo dispuesto en los apartados 1 y 3 del artículo 61 del presente Estatuto.

Disposición transitoria quinta. Procedimiento Electoral General.

En tanto se determine el procedimiento electoral general previsto en el artículo 39 del presente Estatuto, se mantendrán con carácter de normativa básica los siguientes artículos de la Ley 9/1987, de 12 de junio, de órganos de representación, determinación de las condiciones de trabajo y participación del personal al servicio de las Administraciones Públicas: 13.2, 13.3, 13.4, 13.5, 13.6, 15, 16, 17, 18, 19, 20, 21, 25, 26, 27, 28 y 29.

Disposición transitoria sexta. Duración del permiso de paternidad por el nacimiento, acogimiento o adopción de un hijo para el personal funcionario hasta la entrada en vigor de la Ley 9/2009, de 6 de octubre.

Sin perjuicio de lo indicado en el artículo 49, letra c), la duración del permiso de paternidad para el personal funcionario seguirá siendo de quince días hasta que no se produzca la entrada en vigor del artículo 2 de la Ley 9/2009, de 6 de octubre.

Disposición transitoria séptima. Referencia a los Organismos Reguladores.

Hasta que se produzca la entrada en vigor de la Ley 40/2015, de 1 de octubre, de Régimen Jurídico del Sector Público, las previsiones contenidas en la disposición adicional cuarta de esta ley se entenderán referidas a los organismos reguladores de la disposición adicional décima, 1 de la Ley 6/1997, de 14 de abril, de Organización y Funcionamiento de la Administración General del Estado.

Disposición transitoria octava. Aplicación del artículo 84.3.

De acuerdo con lo previsto en la disposición final cuarta, las previsiones contenidas en el artículo 84.3 en relación con la forma de proceder en los supuestos de cese en puesto de libre designación, resultarán de aplicación en las Administraciones Públicas en las que se hayan aprobado la correspondiente ley de desarrollo.

Disposición derogatoria única.

Quedan derogadas con el alcance establecido en el apartado 2 de la disposición final cuarta, las siguientes disposiciones:

a) De la Ley de Funcionarios Civiles del Estado aprobada por Decreto 315/1964, de 7 de febrero, los artículos 1, 2, 3, 4, 5.2, 7, 29, 30, 36, 37, 38, 39.2, 40, 41, 42, 44, 47, 48, 49, 50, 59, 60, 61, 63, 64, 65, 68, 71, 76, 77, 78, 79, 80, 87, 89, 90, 91, 92, 93, 102, 104 y 105.

b) De la Ley 30/1984, de 2 de agosto, de Medidas para la Reforma de la Función Pública, los artículos 3.2.e) y f); 6; 7; 8; 11; 12; 13.2, 3 y 4; 14.4 y 5; 16; 17; 18.1 a 5; 19.1 y 3; 20.1.a), b) párrafo primero, c), e) y g) en sus párrafos primero a cuarto, e i), 2 y 3; 21; 22.1 a excepción de los dos últimos párrafos; 23; 24; 25; 26; 29, a excepción del último párrafo de sus apartados 5, 6 y 7; 30.3 y 5; 31; 32; 33; disposiciones adicionales tercera.2 y 3, cuarta, duodécima y decimoquinta, disposiciones transitorias segunda, octava y novena.

c) La Ley 9/1987, de 12 de junio, de órganos de representación, determinación de las condiciones de trabajo y participación del personal al servicio de las Administraciones Públicas, excepto su artículo 7 y con la excepción contemplada en la disposición transitoria quinta de este Estatuto.

d) De la Ley 7/1985, de 2 de abril, reguladora de las bases del Régimen Local, el capítulo III del título VII.

e) Del Real Decreto Legislativo 781/1986, de 18 de abril, texto refundido de las disposiciones legales vigentes en materia de Régimen Local, el capítulo III del título VII.

f) Todas las normas de igual o inferior rango que contradigan o se opongan a lo dispuesto en este Estatuto.

Disposición final primera. Habilitación competencial.

Las disposiciones de este Estatuto se dictan al amparo del artículo 149.1.18.ª de la Constitución, constituyendo aquellas bases del régimen estatutario de los funcionarios; al amparo del artículo 149.1.7.ª de la Constitución, por lo que se refiere a la legislación laboral, y al amparo del artículo 149.1.13.ª de la Constitución, bases y coordinación de la planificación general de la actividad económica.

Disposición final segunda.

Las previsiones de esta ley son de aplicación a todas las comunidades autónomas respetando en todo caso las posiciones singulares en materia de sistema institucional y las competencias exclusivas y compartidas en materia de función pública y de autoorganización que les atribuyen los respectivos Estatutos de Autonomía, en el marco de la Constitución.

Disposición final tercera. Modificación de la Ley 53/1984, de 26 de diciembre, de incompatibilidades del personal al servicio de las Administraciones Públicas.

Se modifica el apartado 1 del artículo 16, que queda redactado de la siguiente forma:

«No podrá autorizarse o reconocerse compatibilidad al personal funcionario, al personal eventual y al personal laboral cuando las retribuciones complementarias que tengan derecho a percibir del apartado b) del artículo 24 del presente Estatuto incluyan el factor de incompatibilidad al retribuido por arancel y al personal directivo, incluido el sujeto a la relación laboral de carácter especial de alta dirección.»

Disposición final cuarta. Entrada en vigor.

1. Lo establecido en los capítulos II y III del título III, excepto el artículo 25.2, y en el capítulo III del título V producirá efectos a partir de la entrada en vigor de las leyes de Función Pública que se dicten en desarrollo de este Estatuto.

La disposición final tercera del presente Estatuto producirá efectos en cada Administración Pública a partir de la entrada en vigor del capítulo III del título III con la aprobación de las leyes de Función Pública de las Administraciones Públicas que se dicten en desarrollo de este Estatuto. Hasta que se hagan efectivos esos supuestos la autorización o denegación de compatibilidades continuará rigiéndose por la actual normativa.

2. Hasta que se dicten las leyes de Función Pública y las normas reglamentarias de desarrollo se mantendrán en vigor en cada Administración Pública las normas vigentes sobre ordenación, planificación y gestión de recursos humanos en tanto no se opongan a lo establecido en este Estatuto.

Contacto con el autor

Puedes contactar con el autor en la dirección de correo electrónico "diegofiscalero@gmail.com". Para comunicar erratas o cualquier sugerencia.